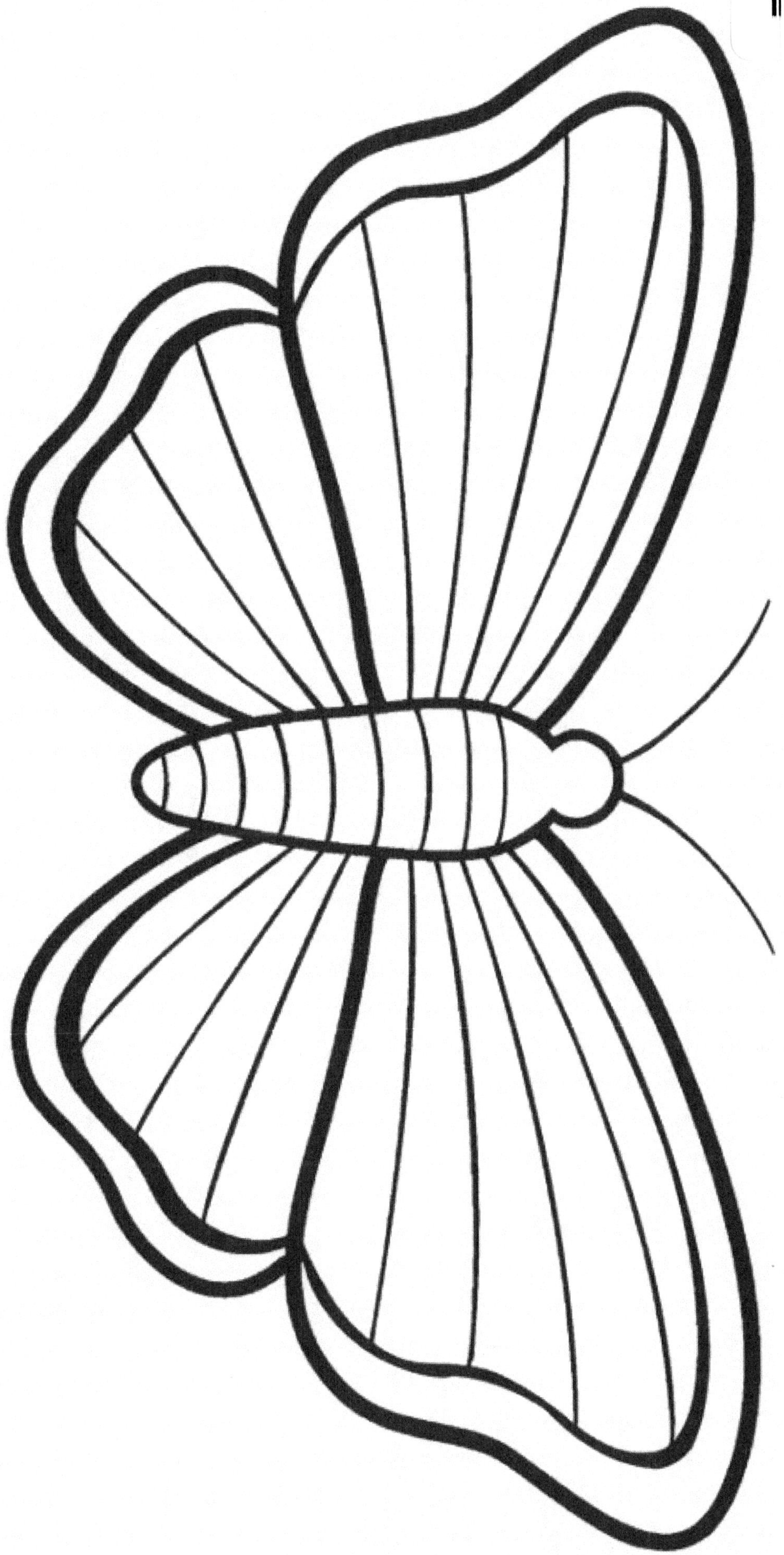

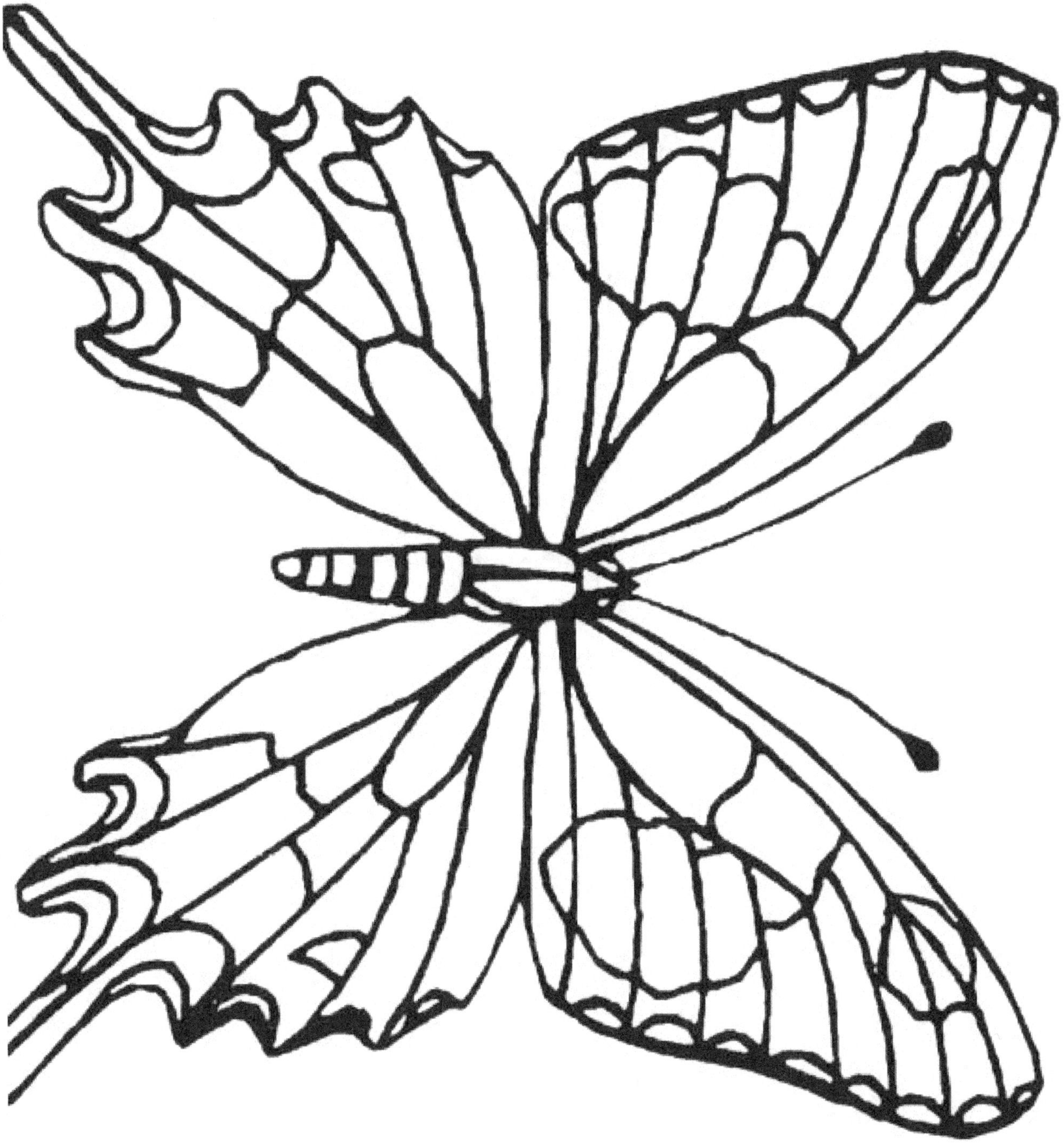

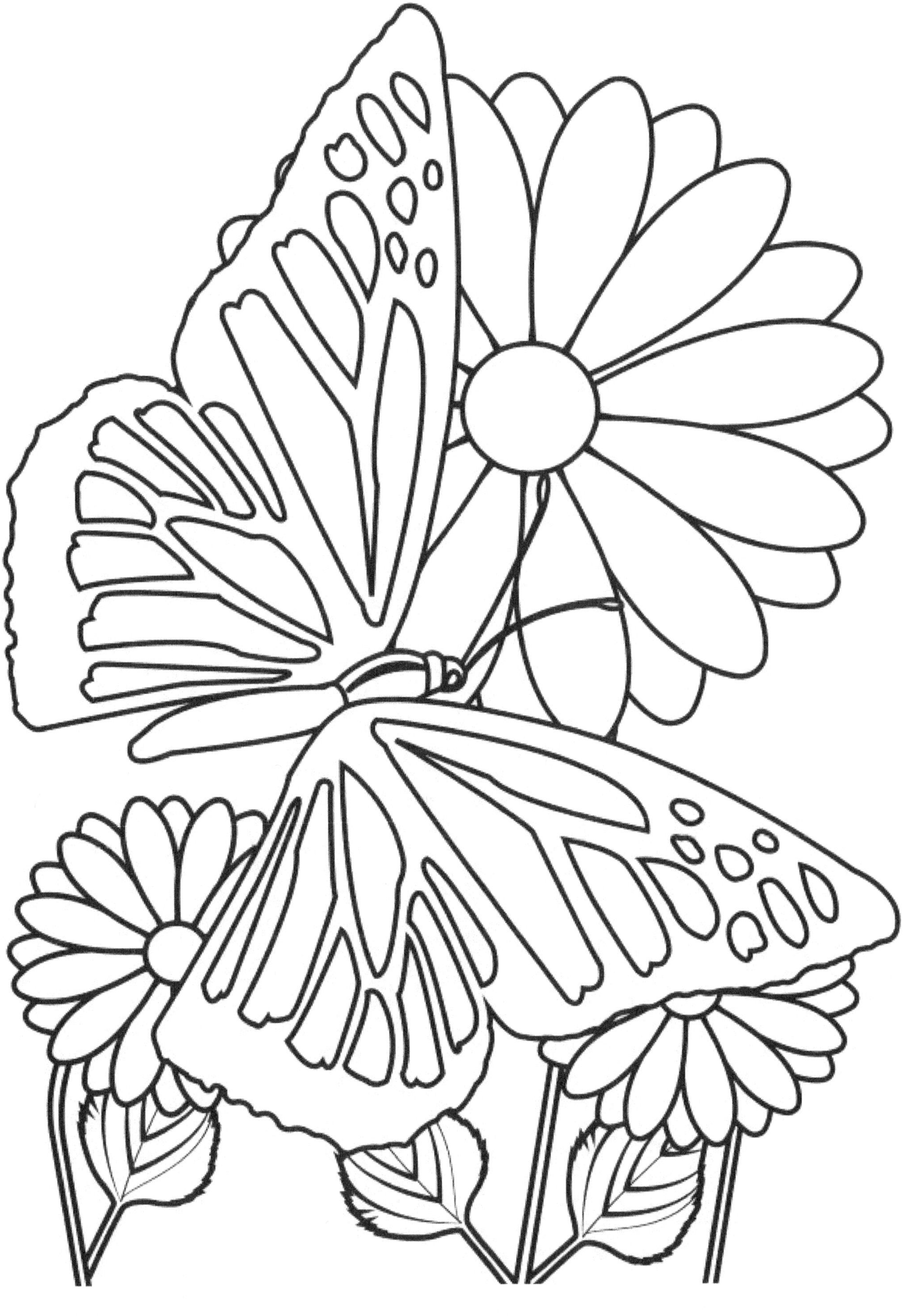

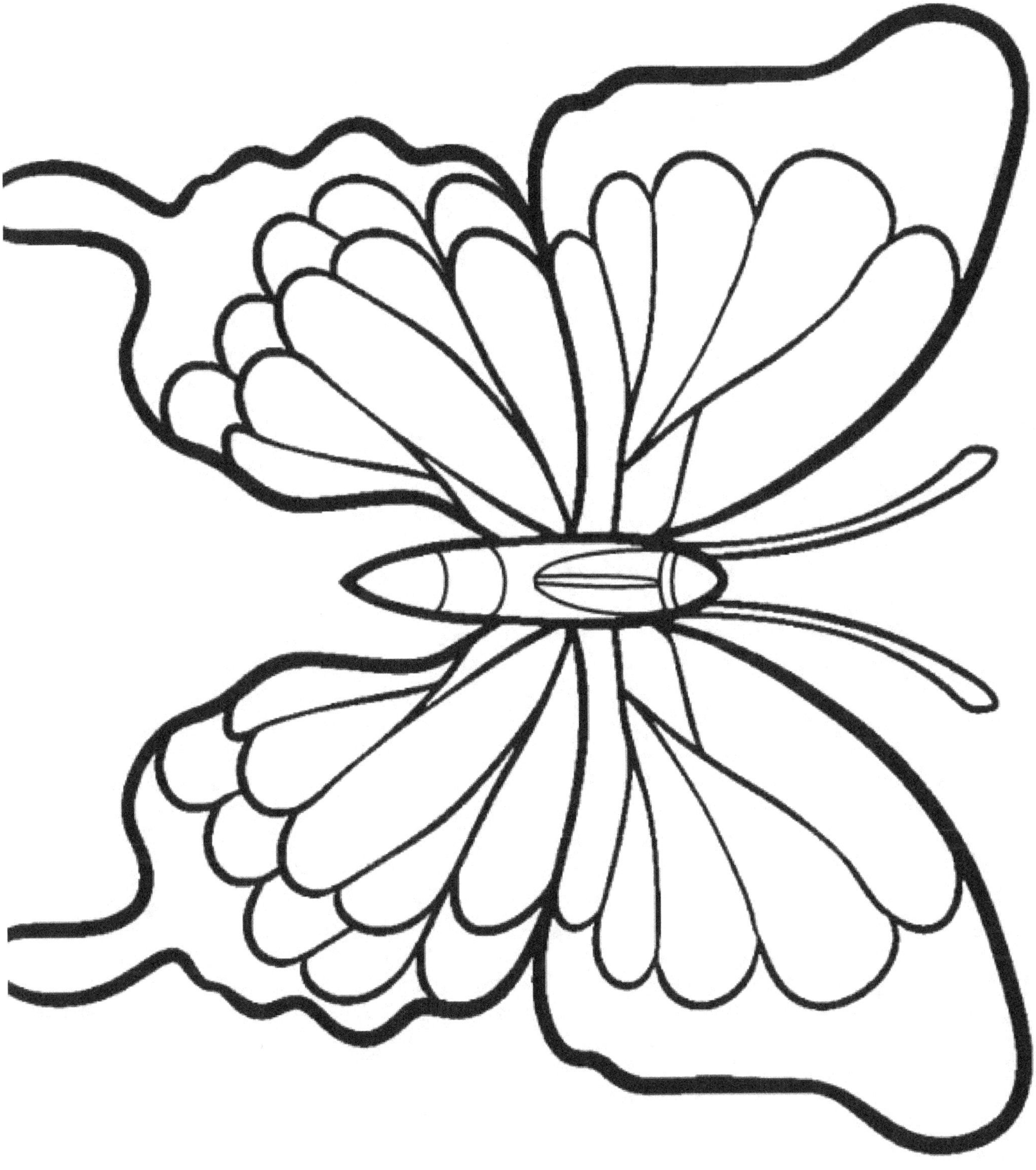

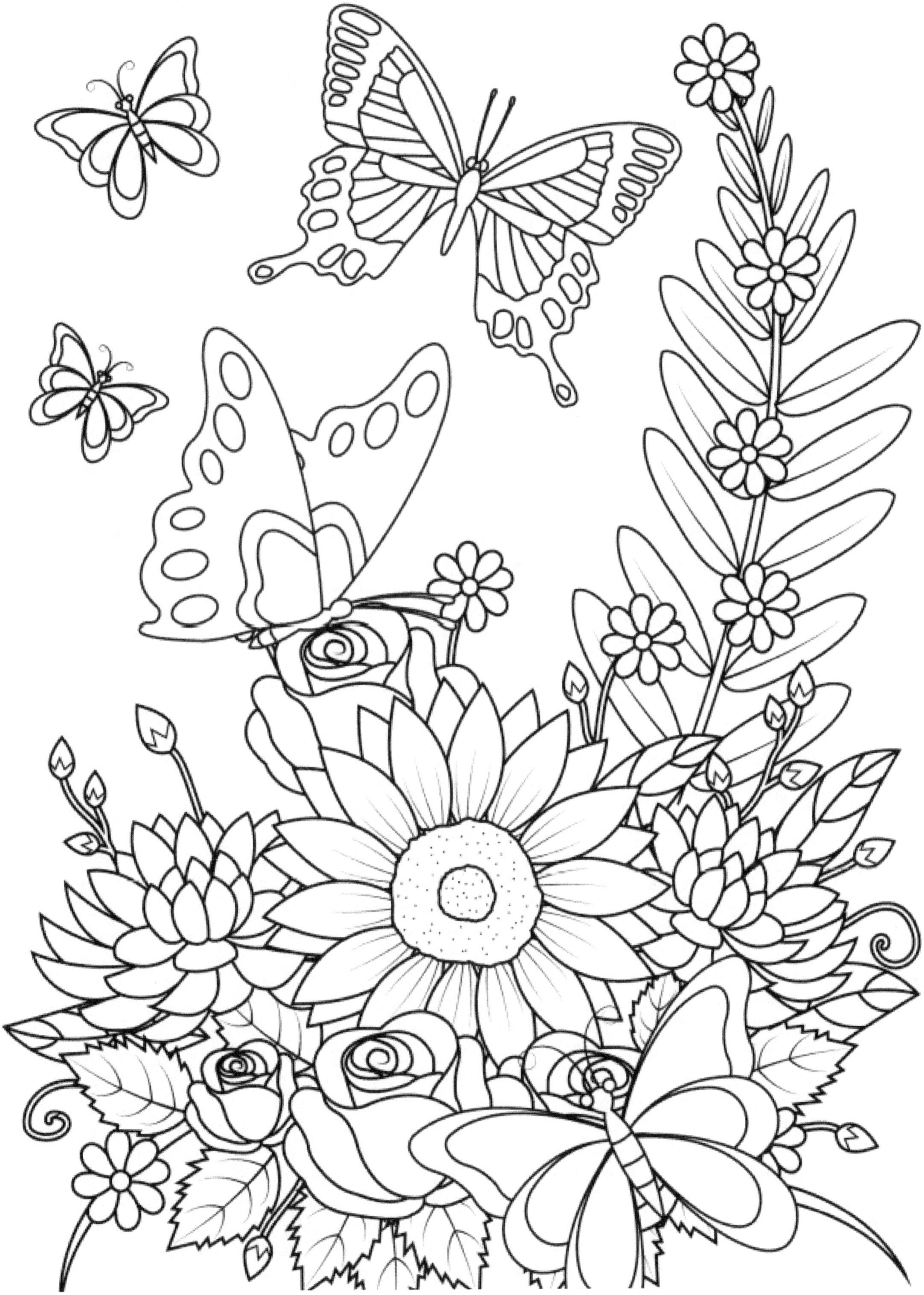

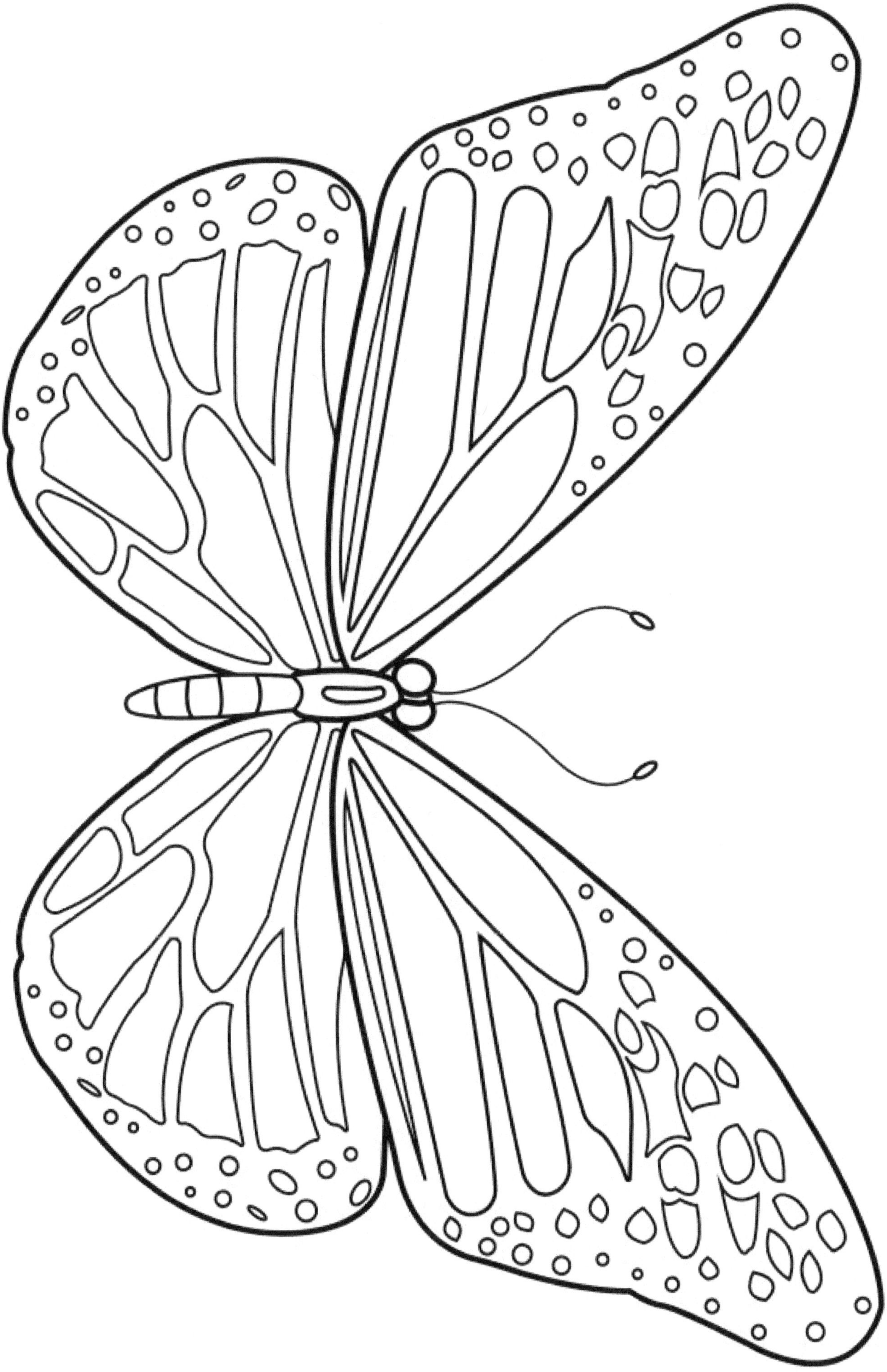

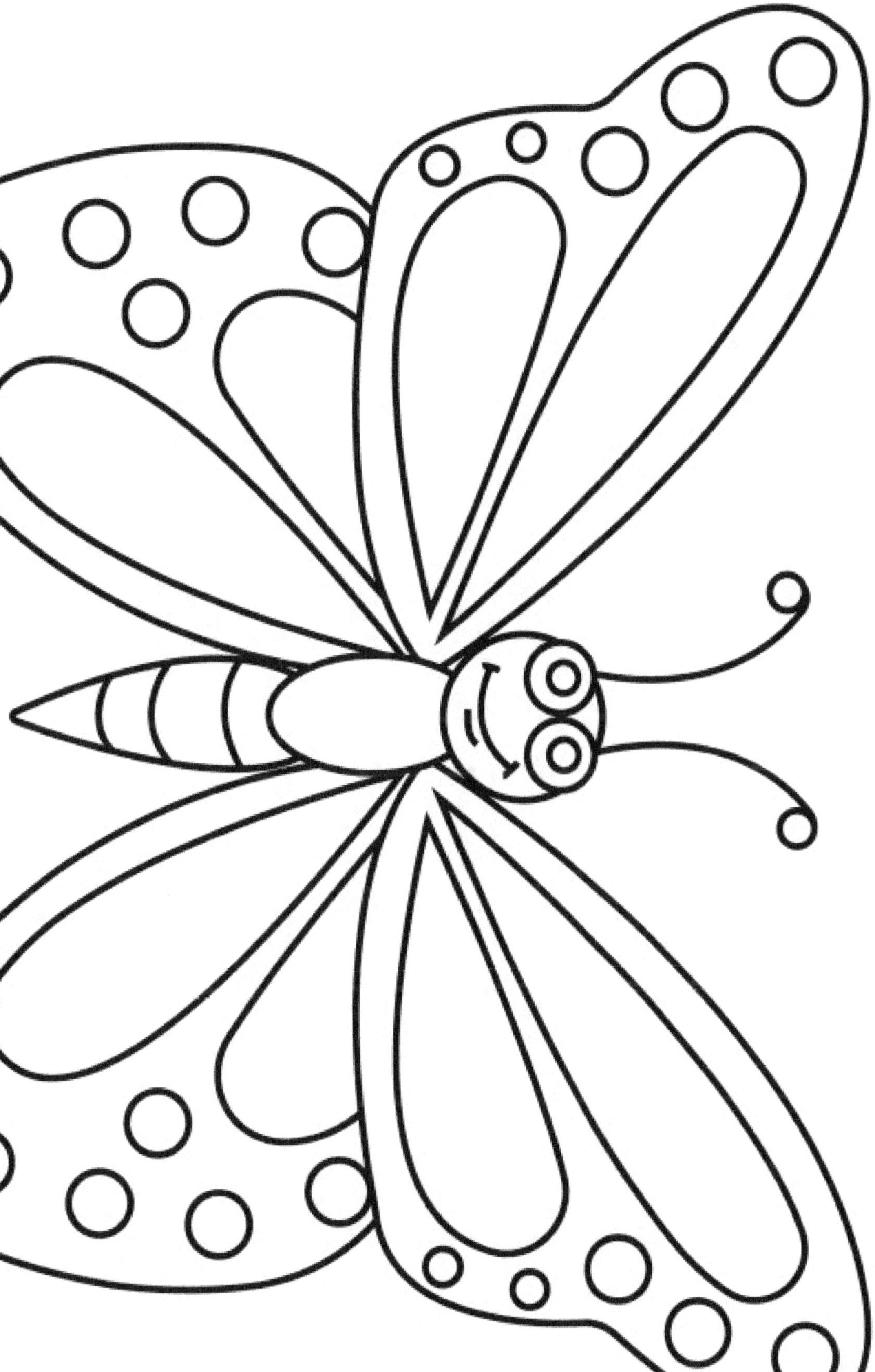

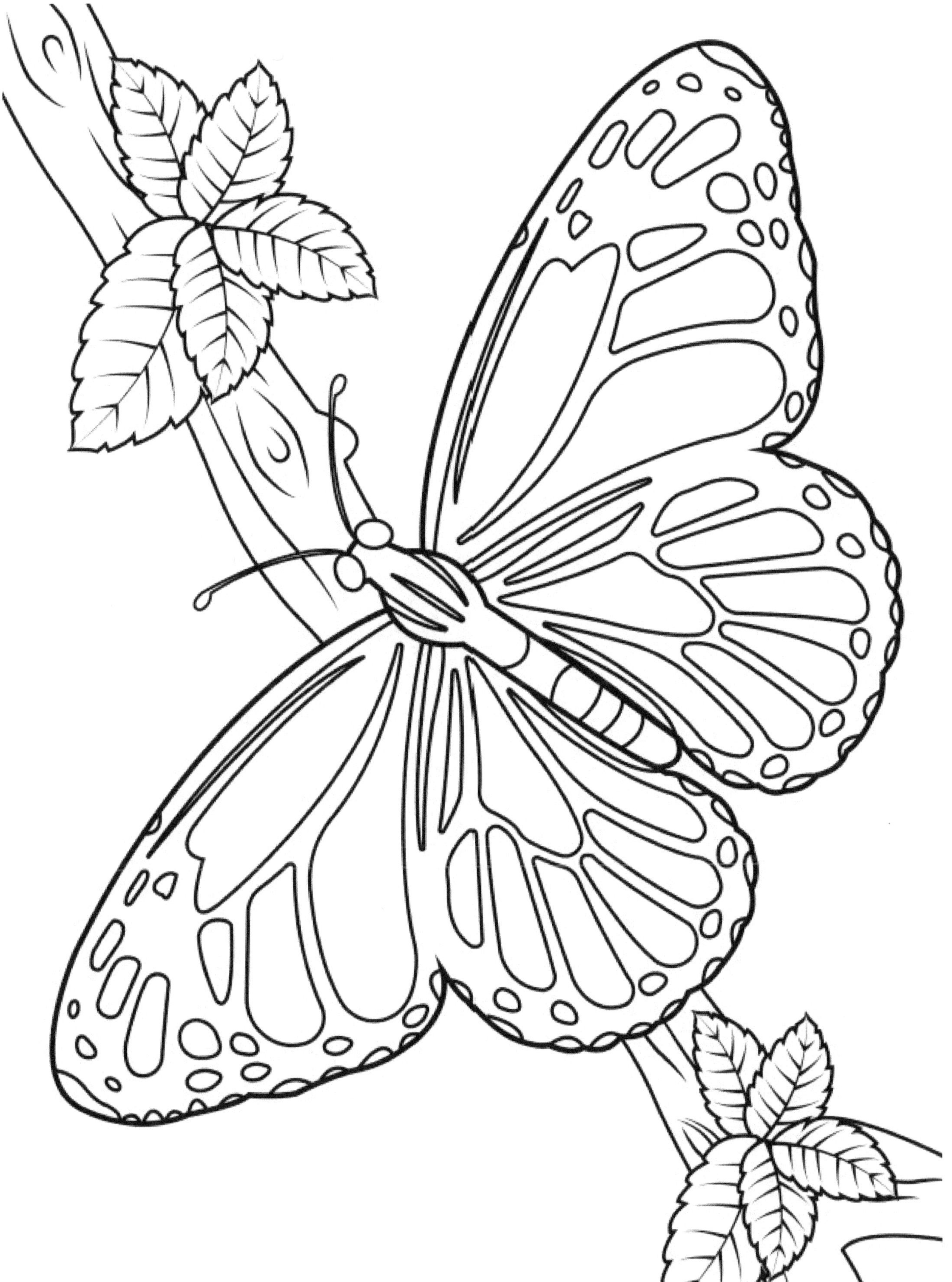

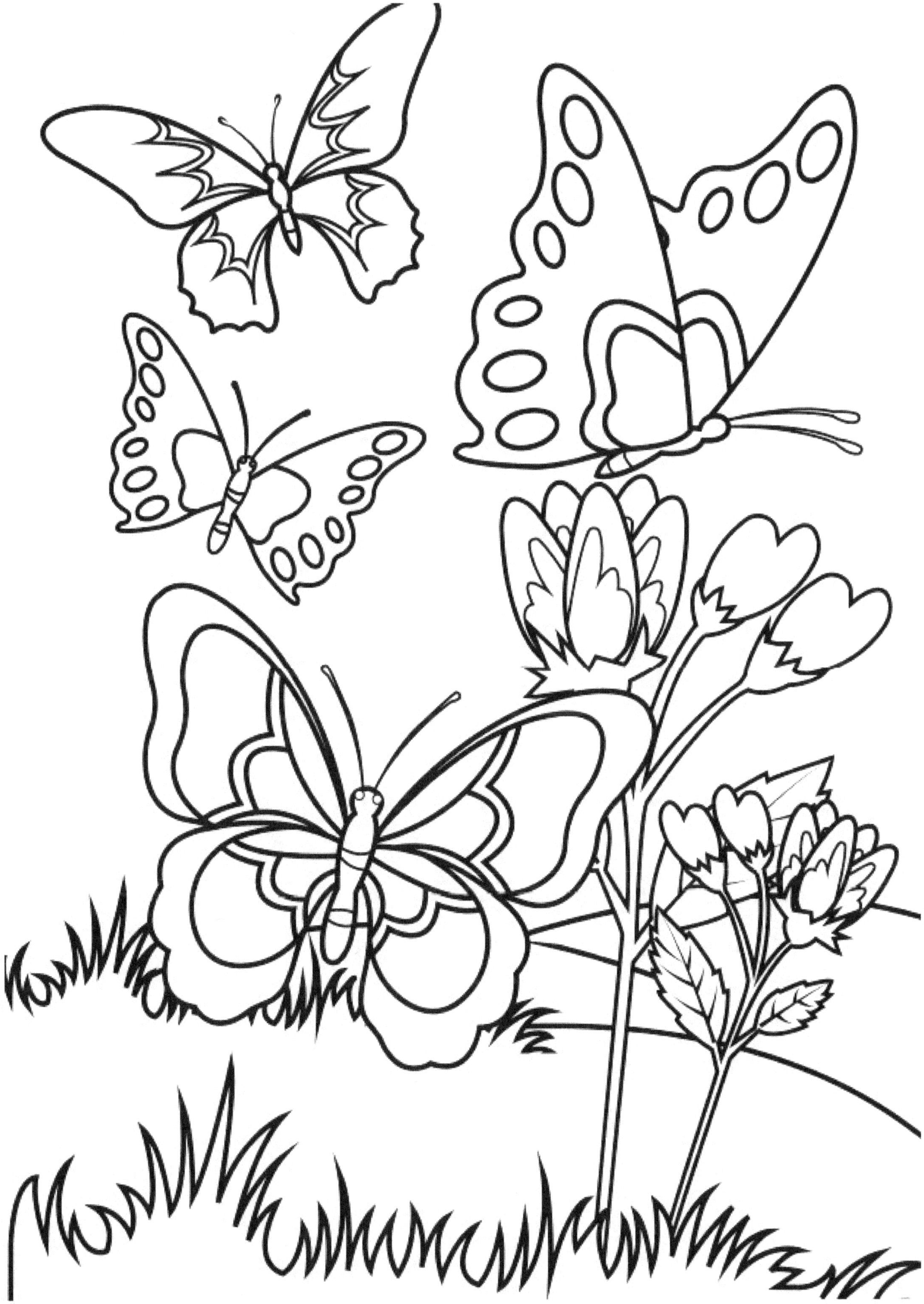

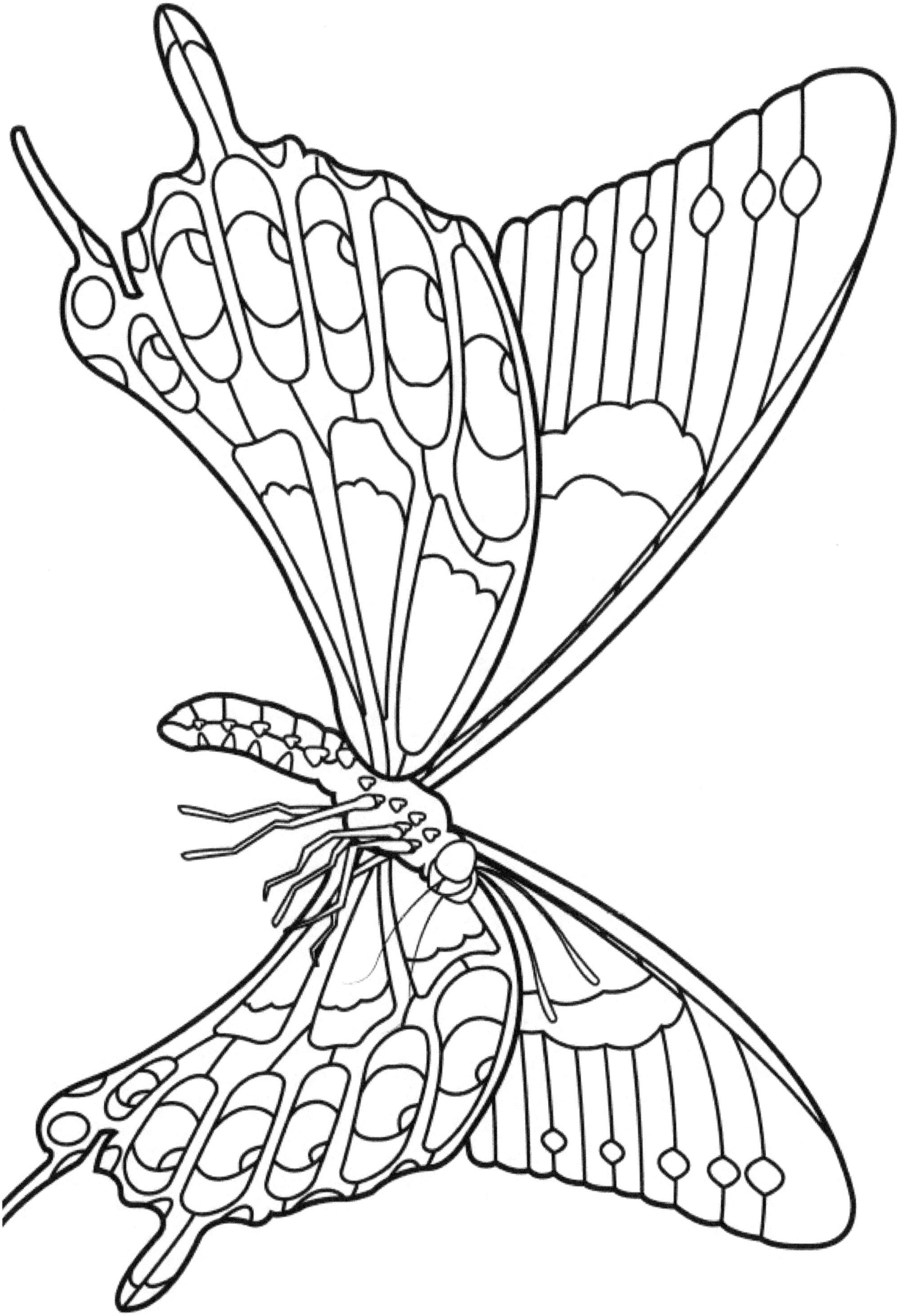

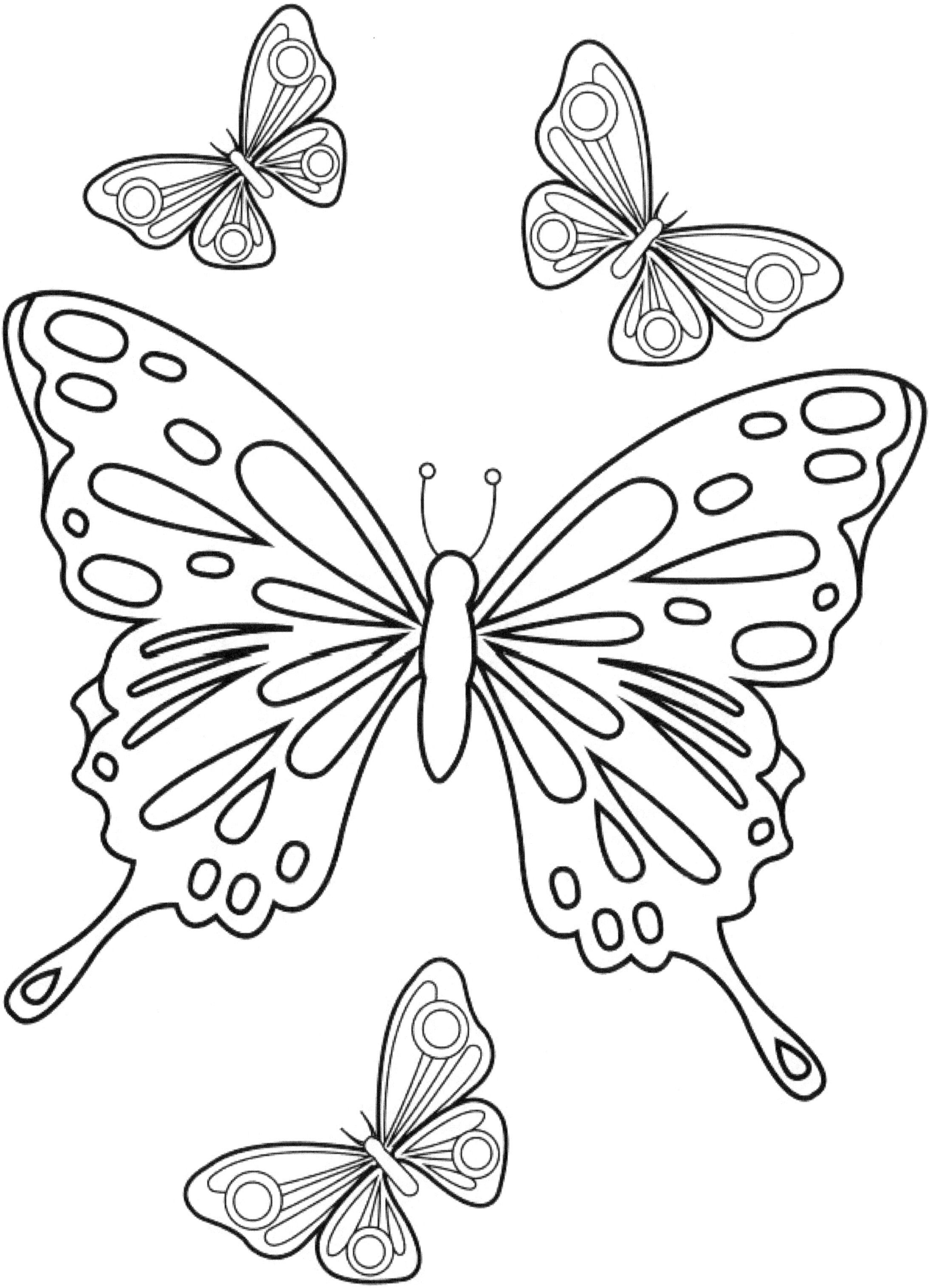

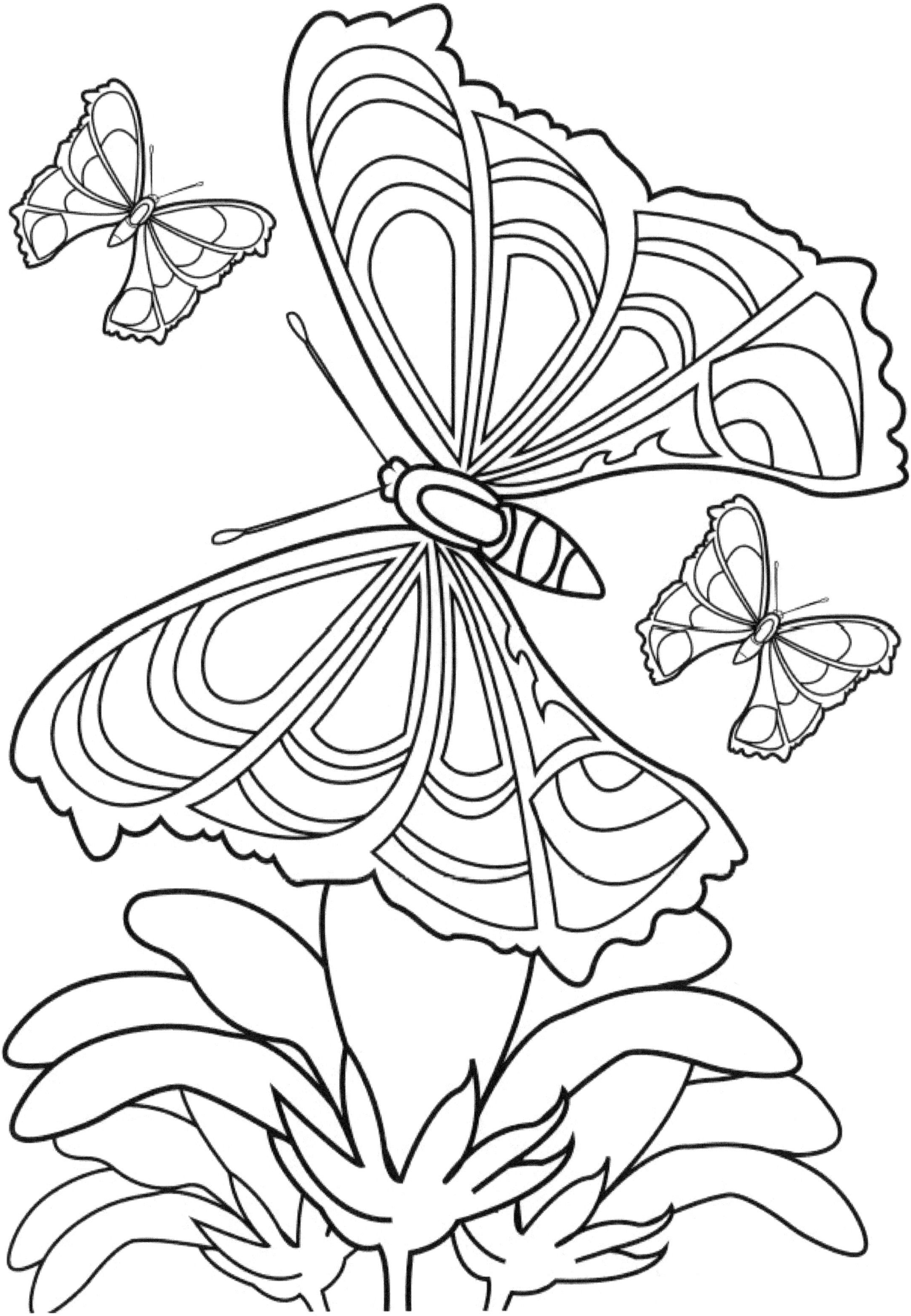

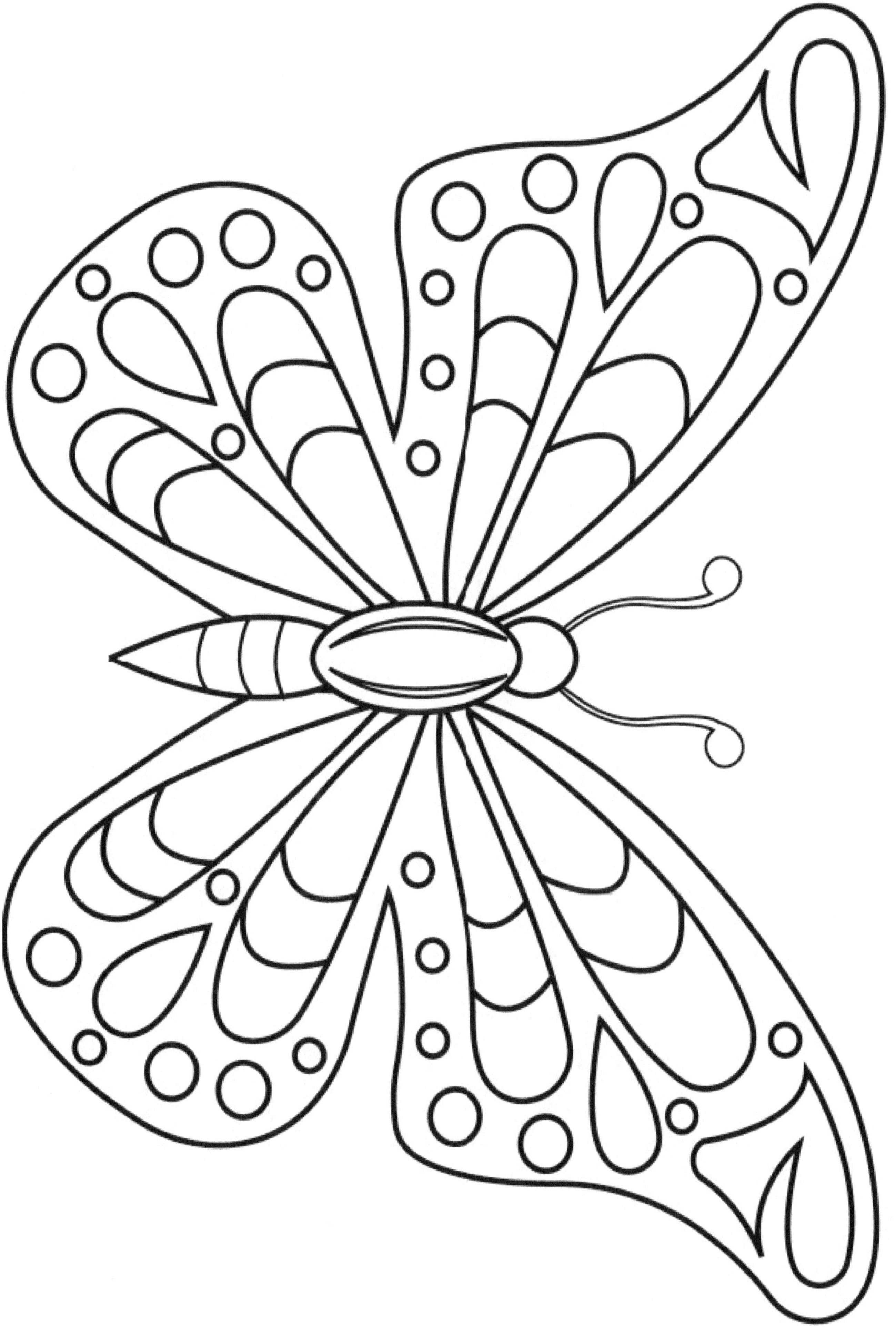

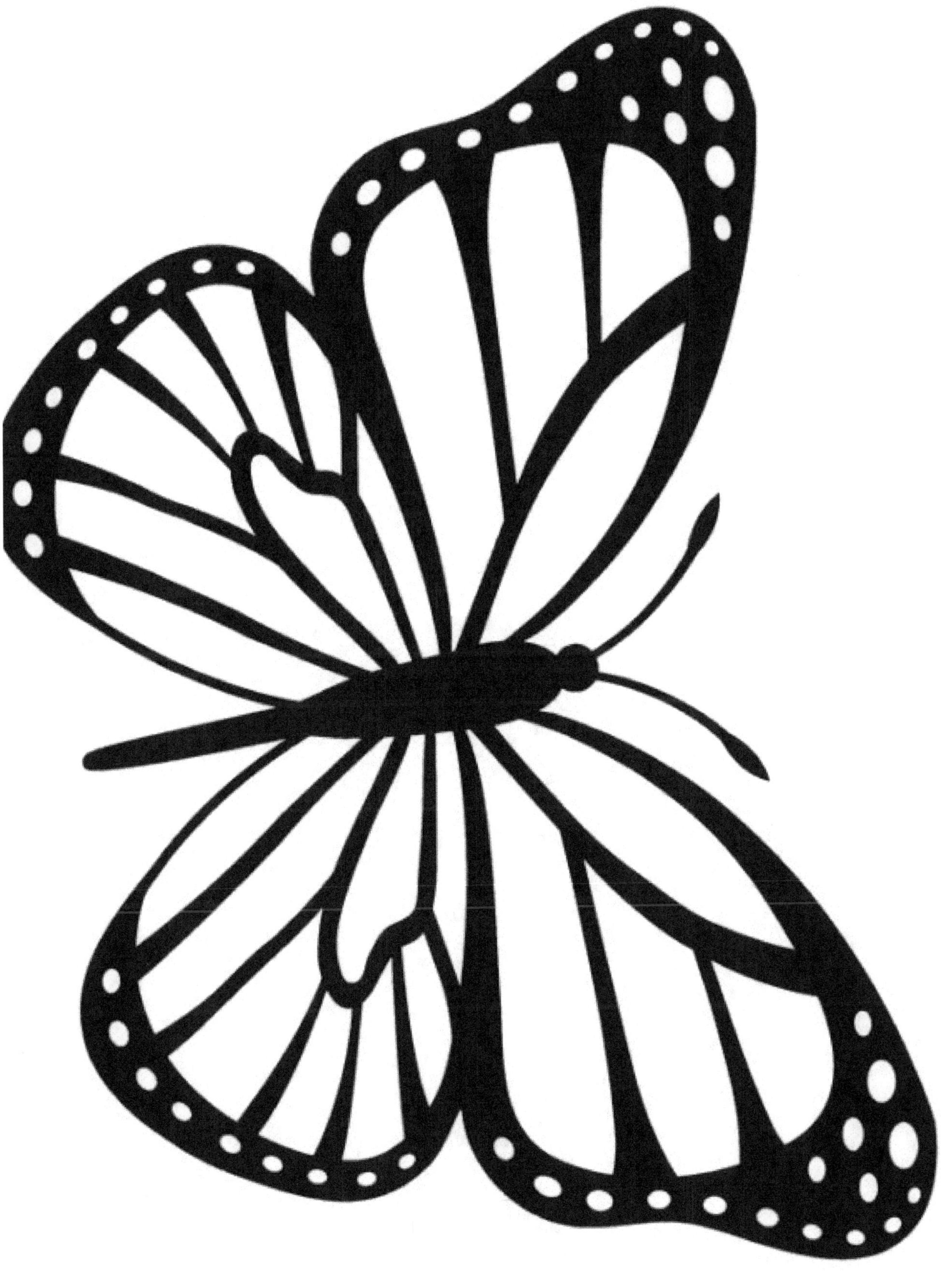

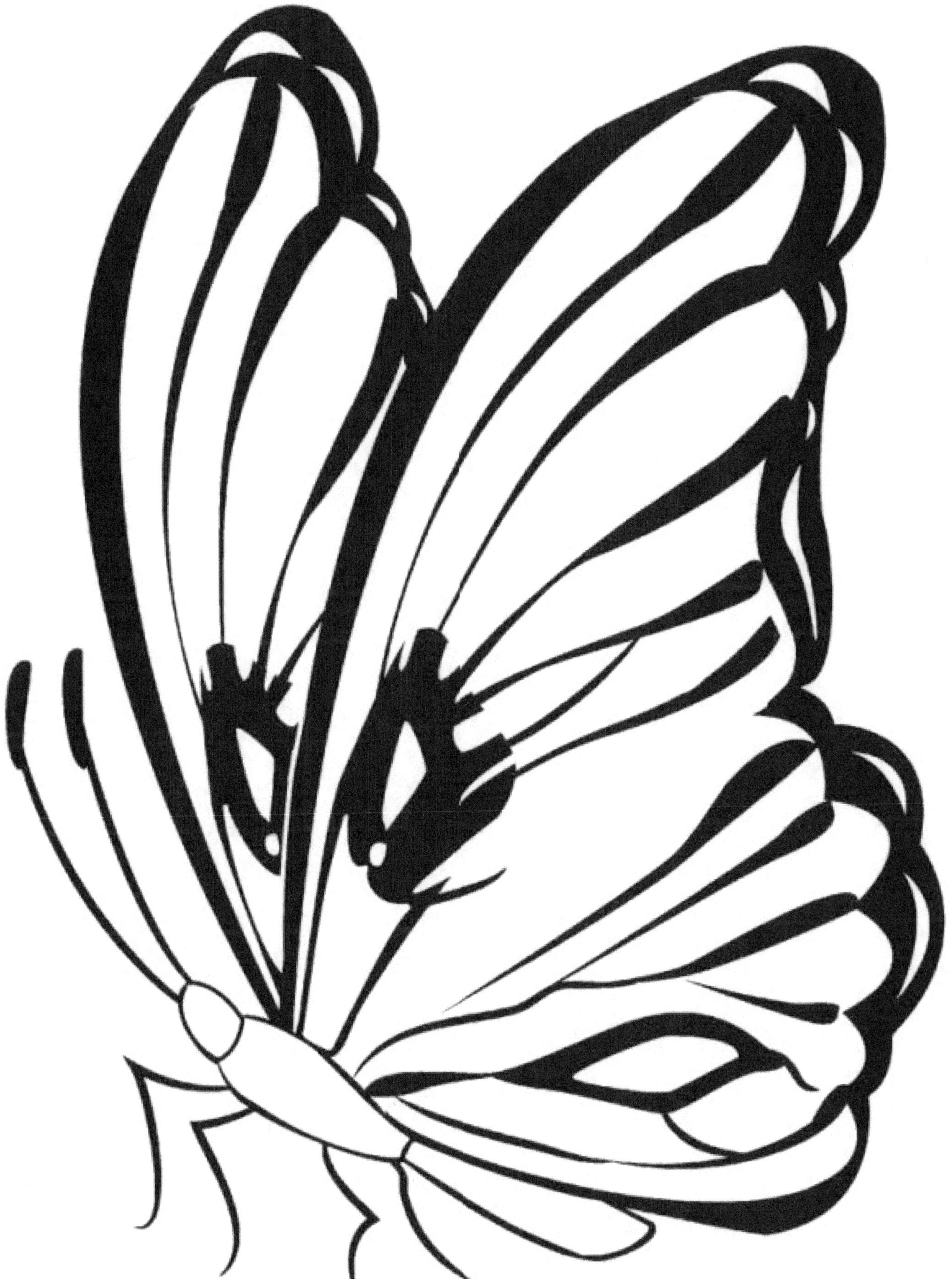

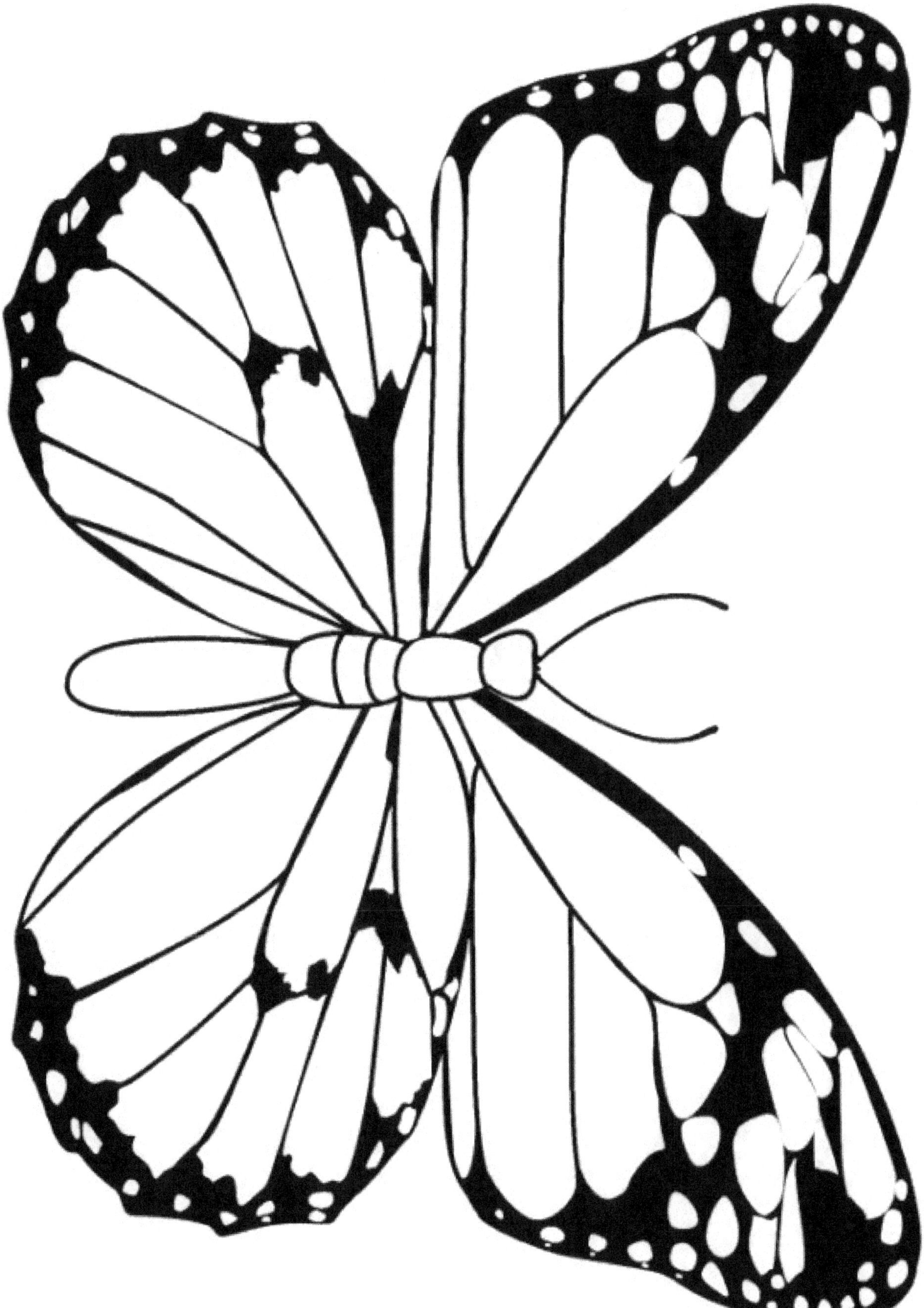

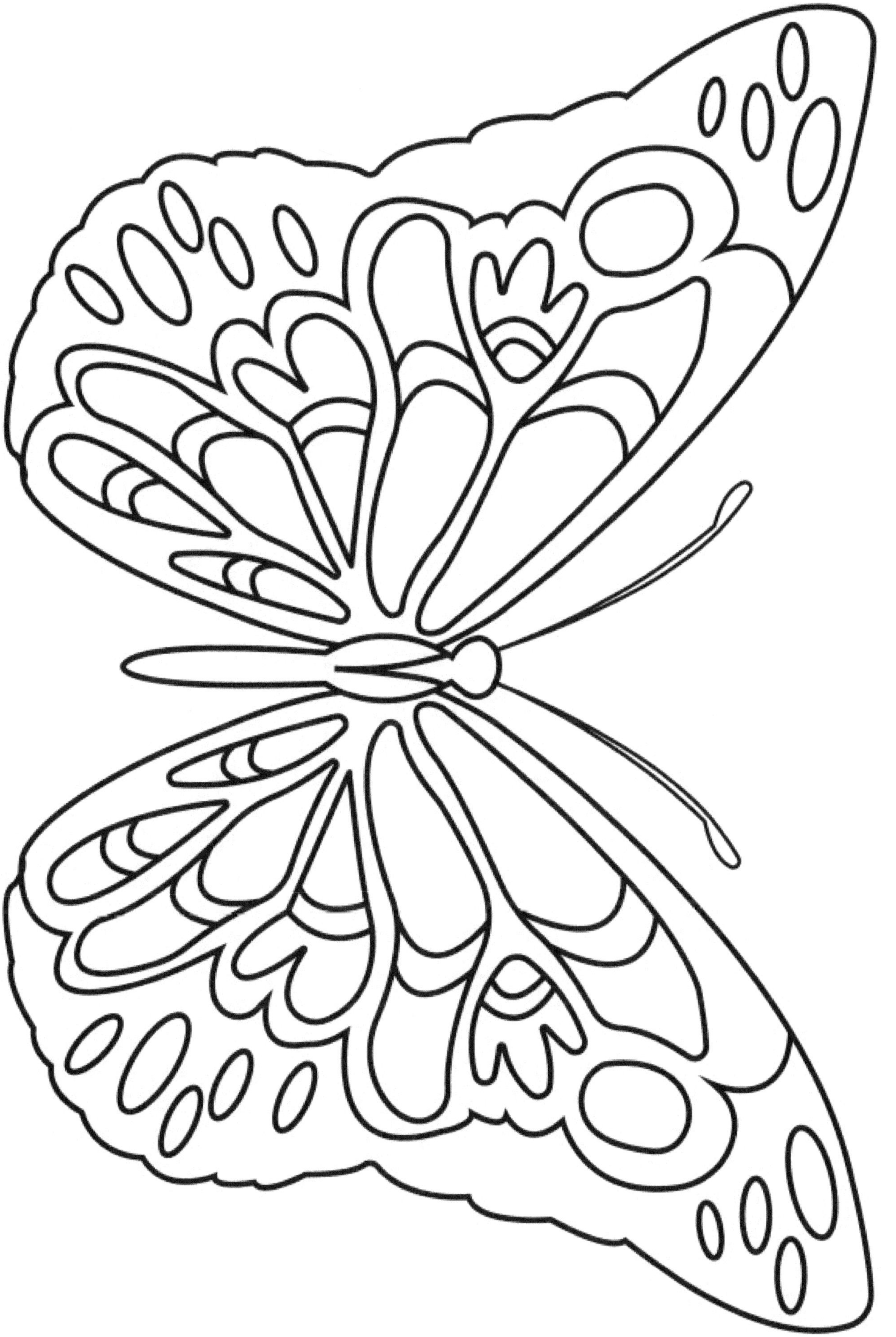

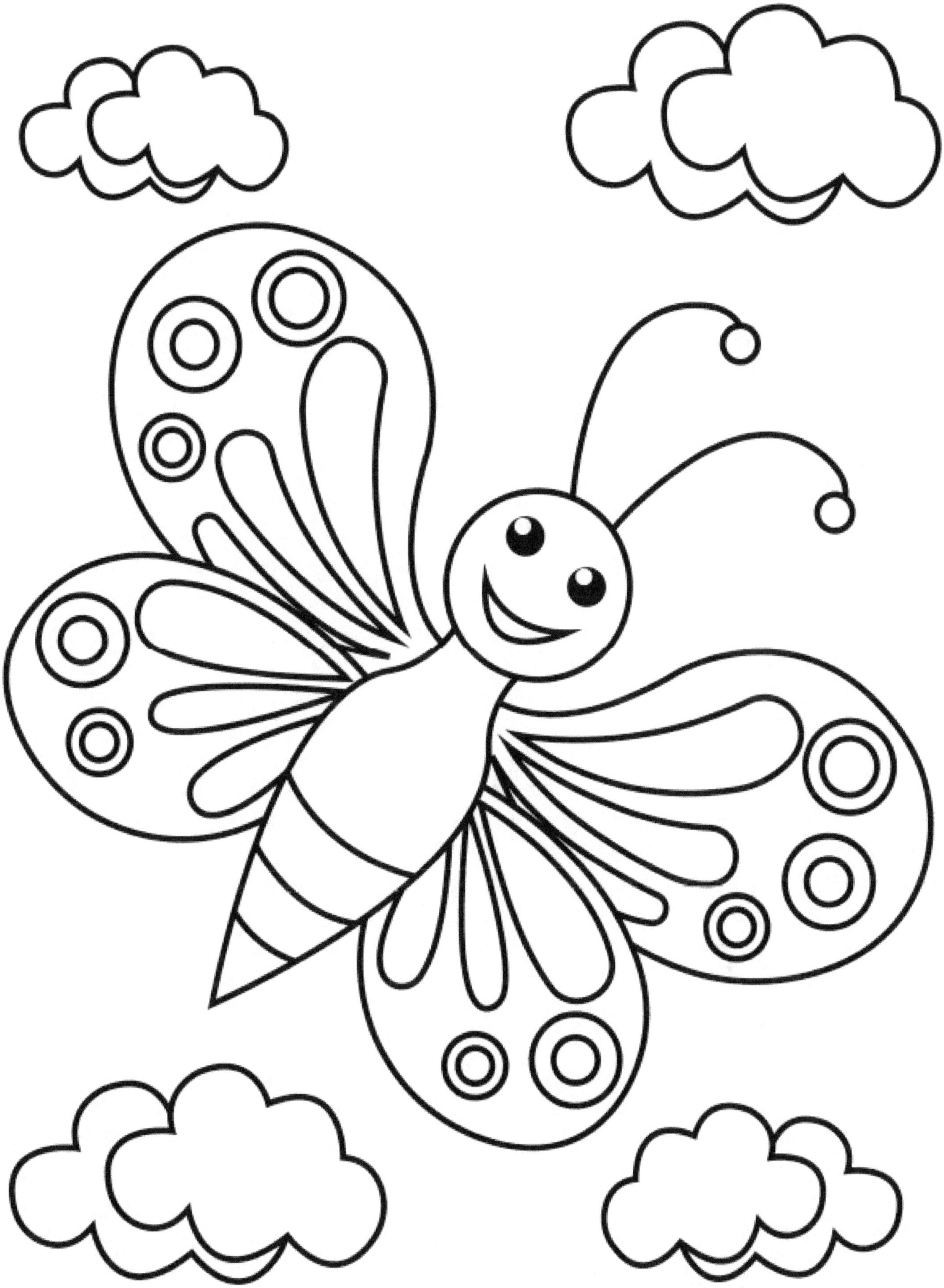

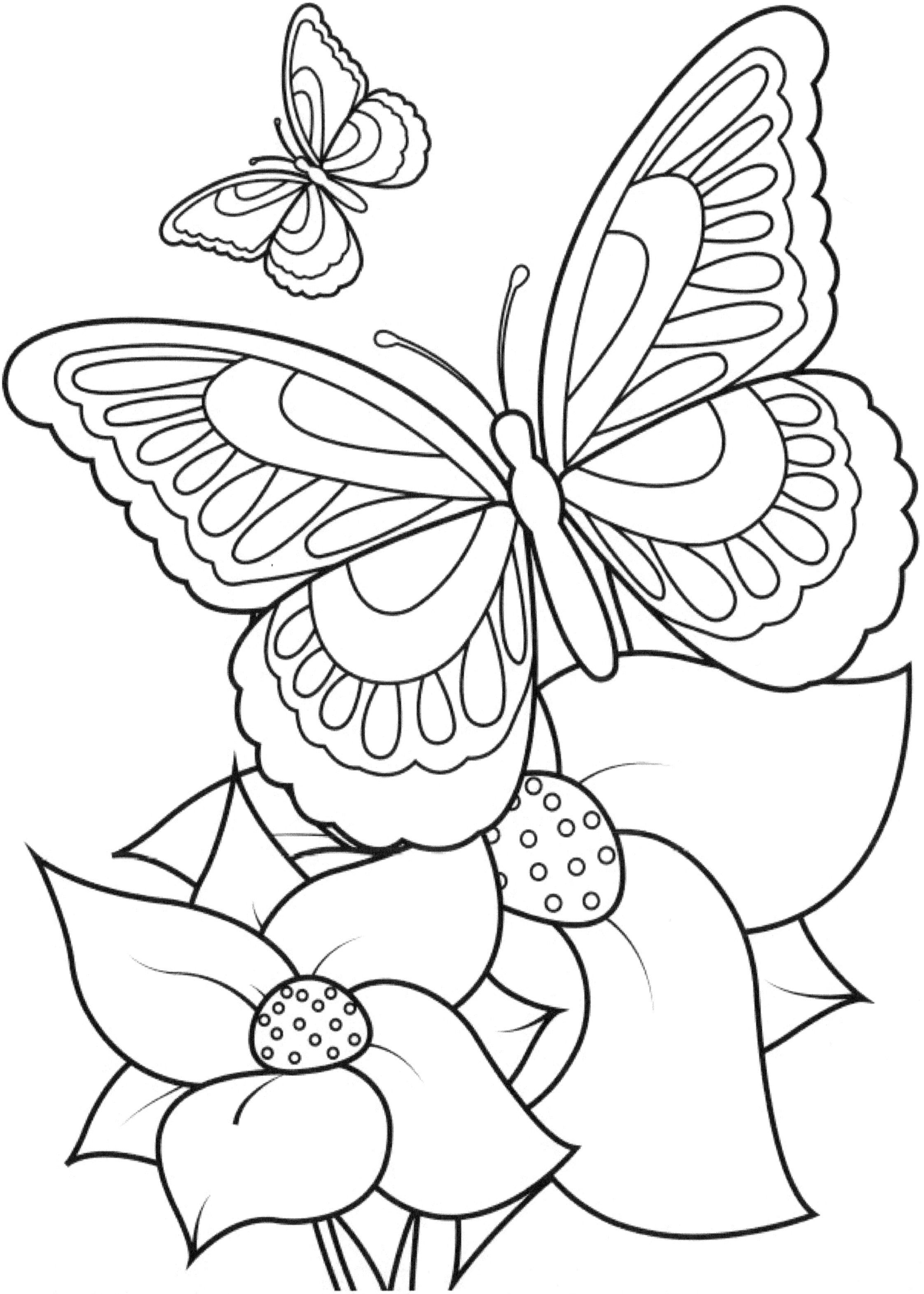

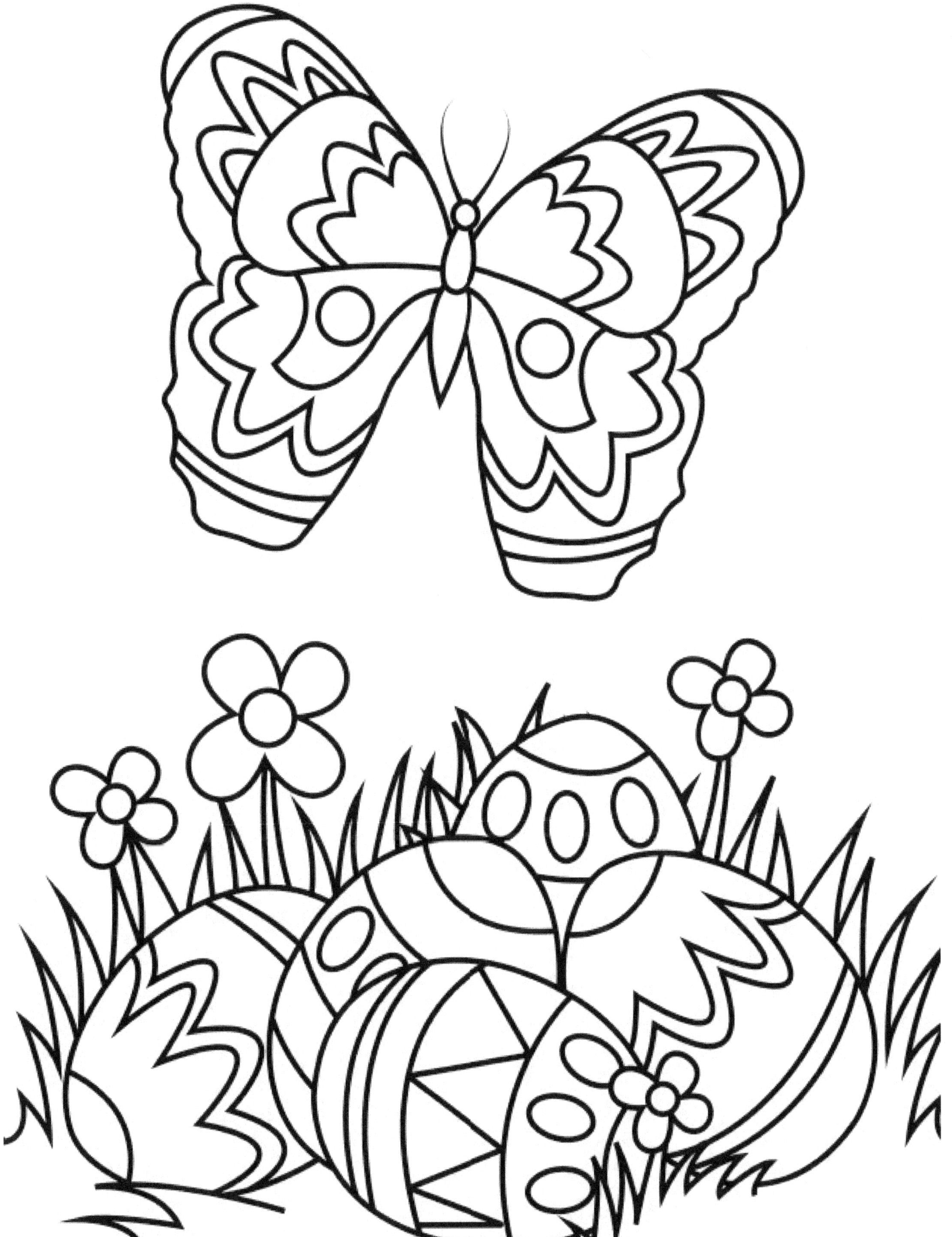

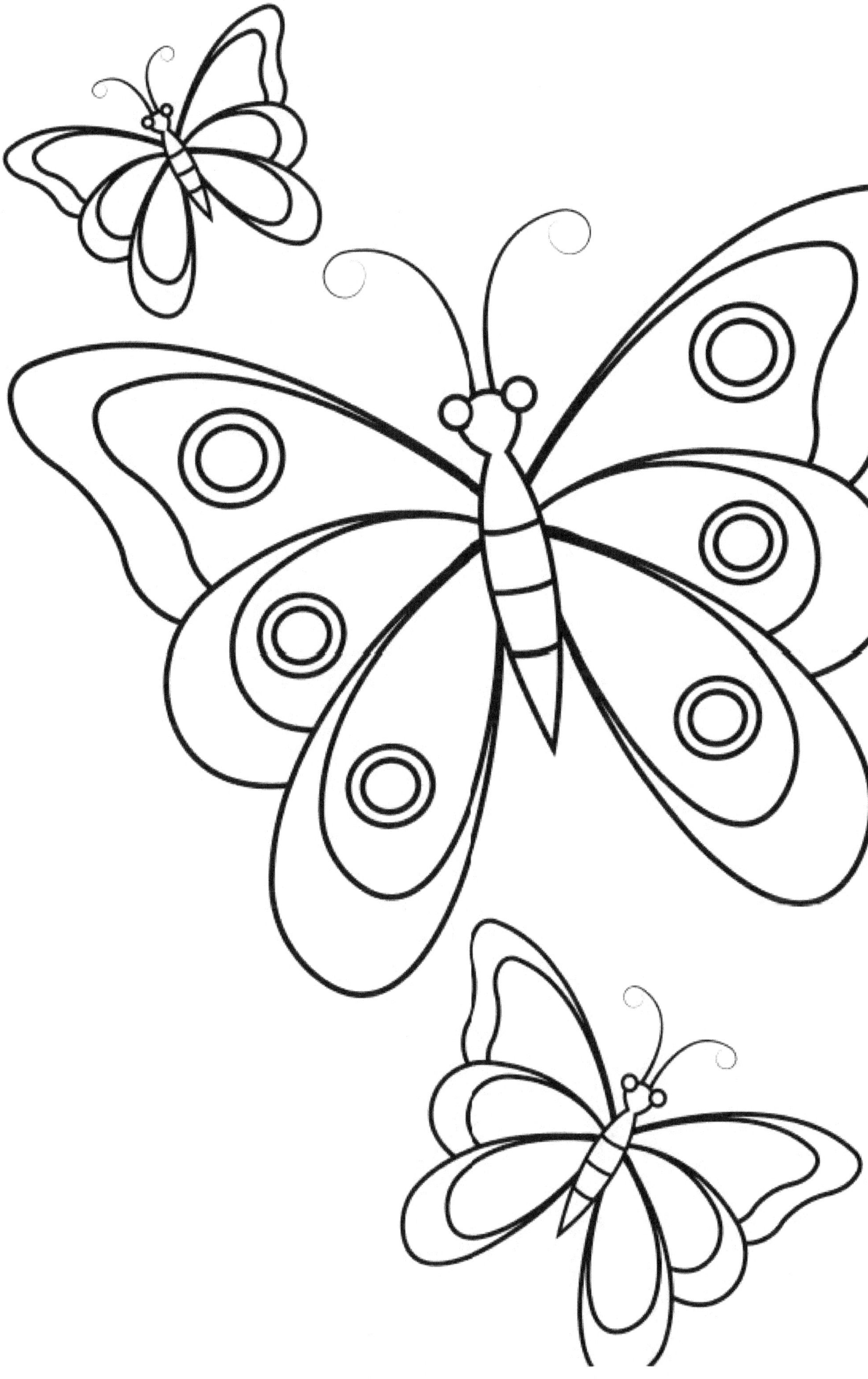

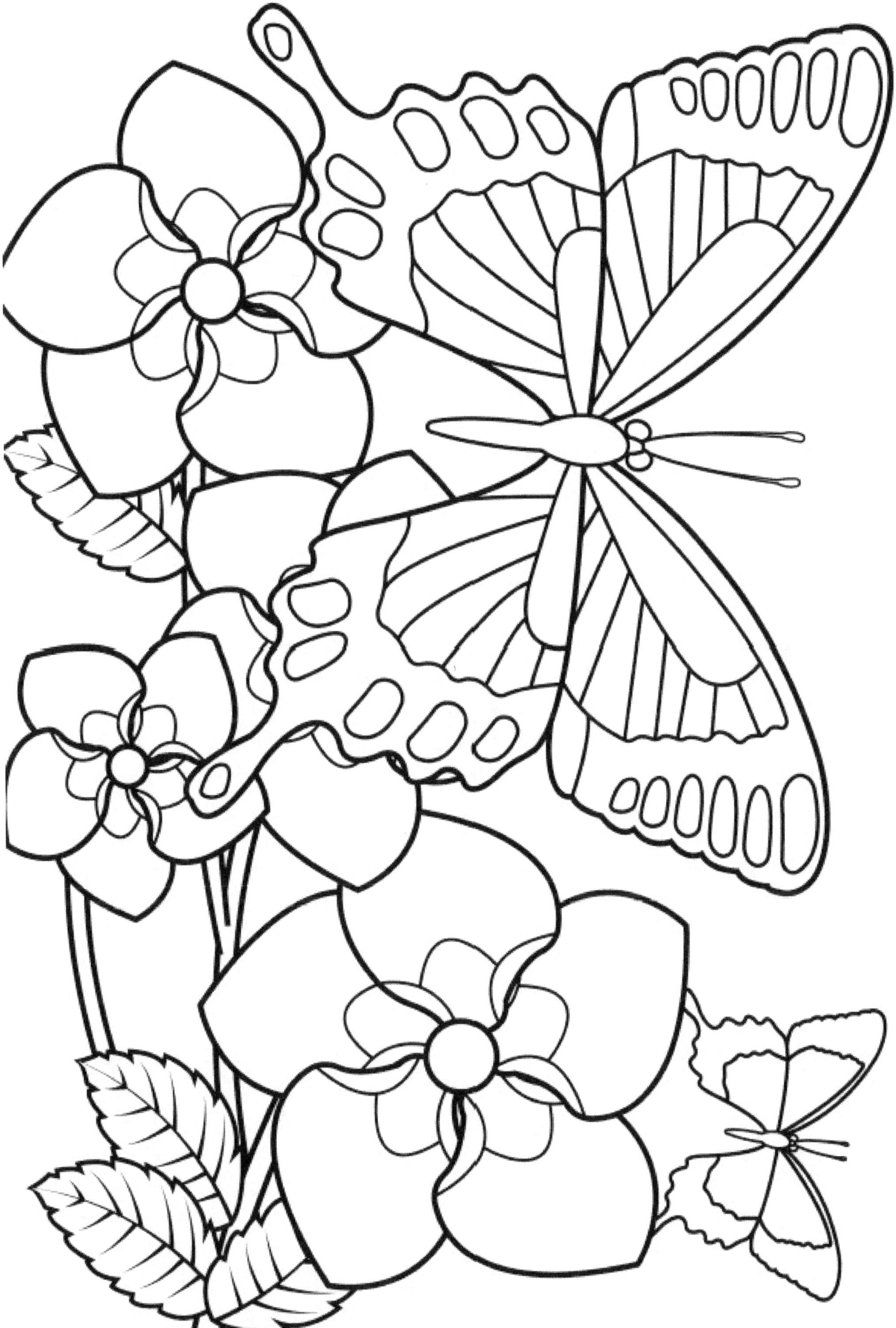

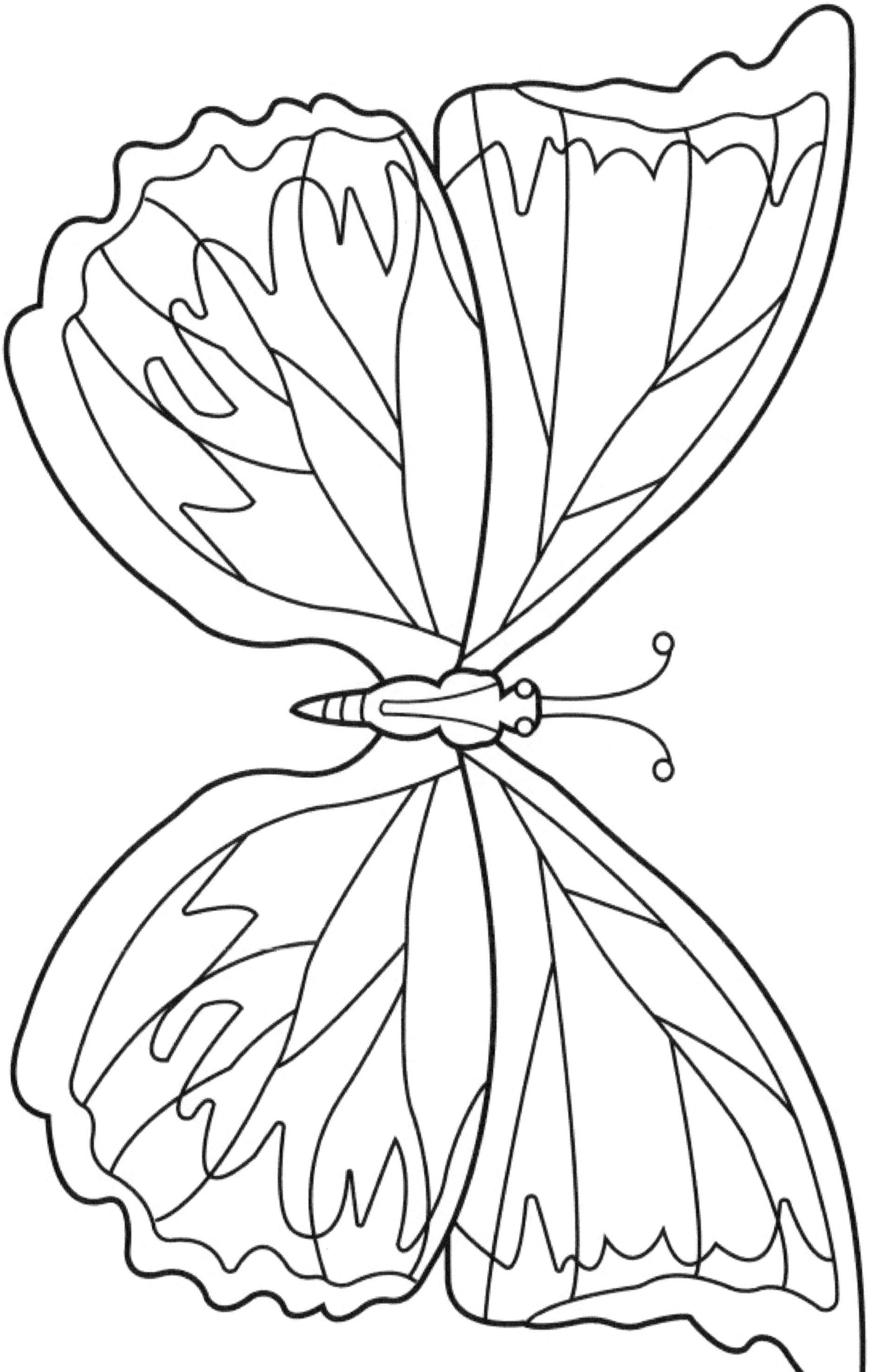

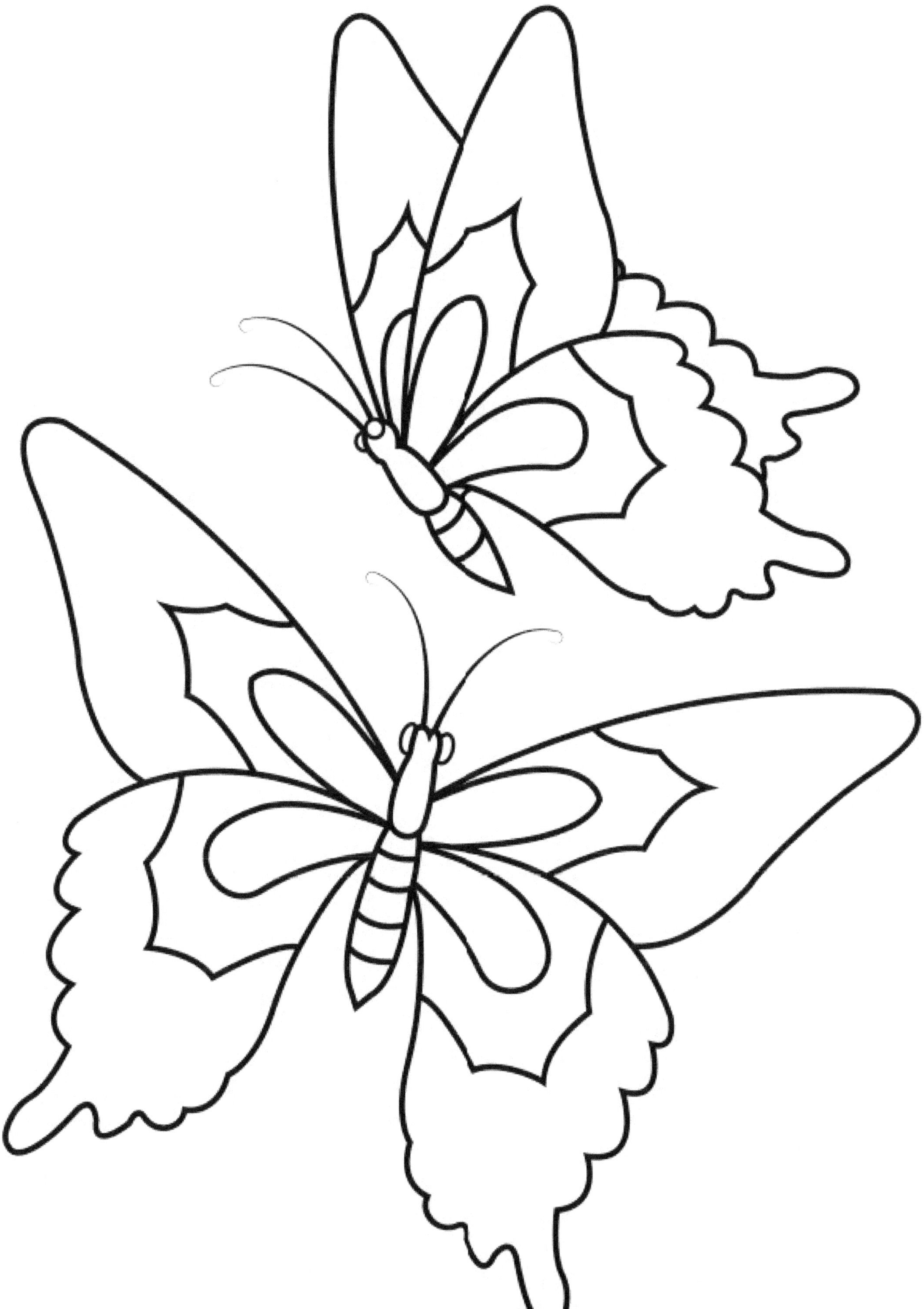

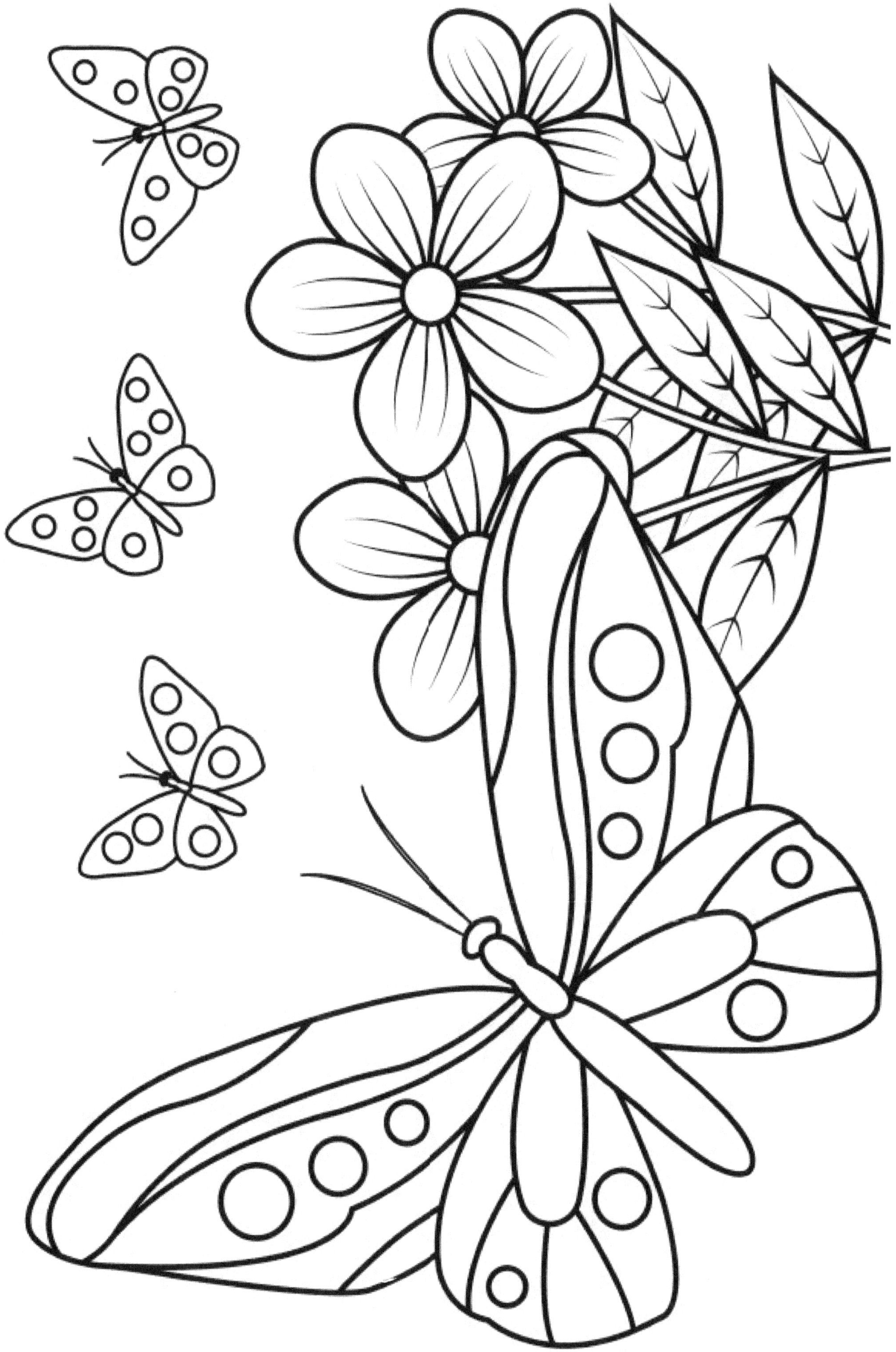

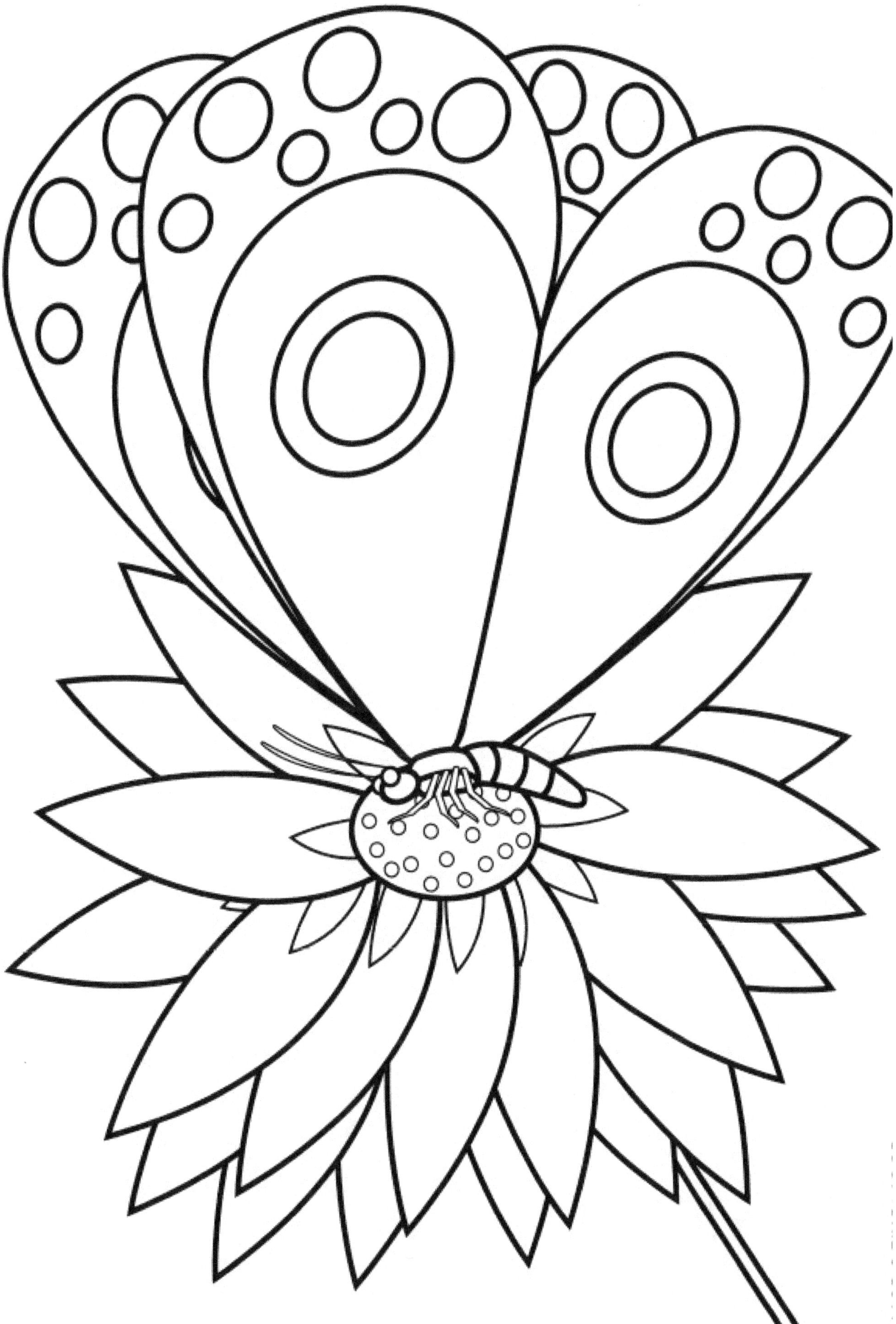

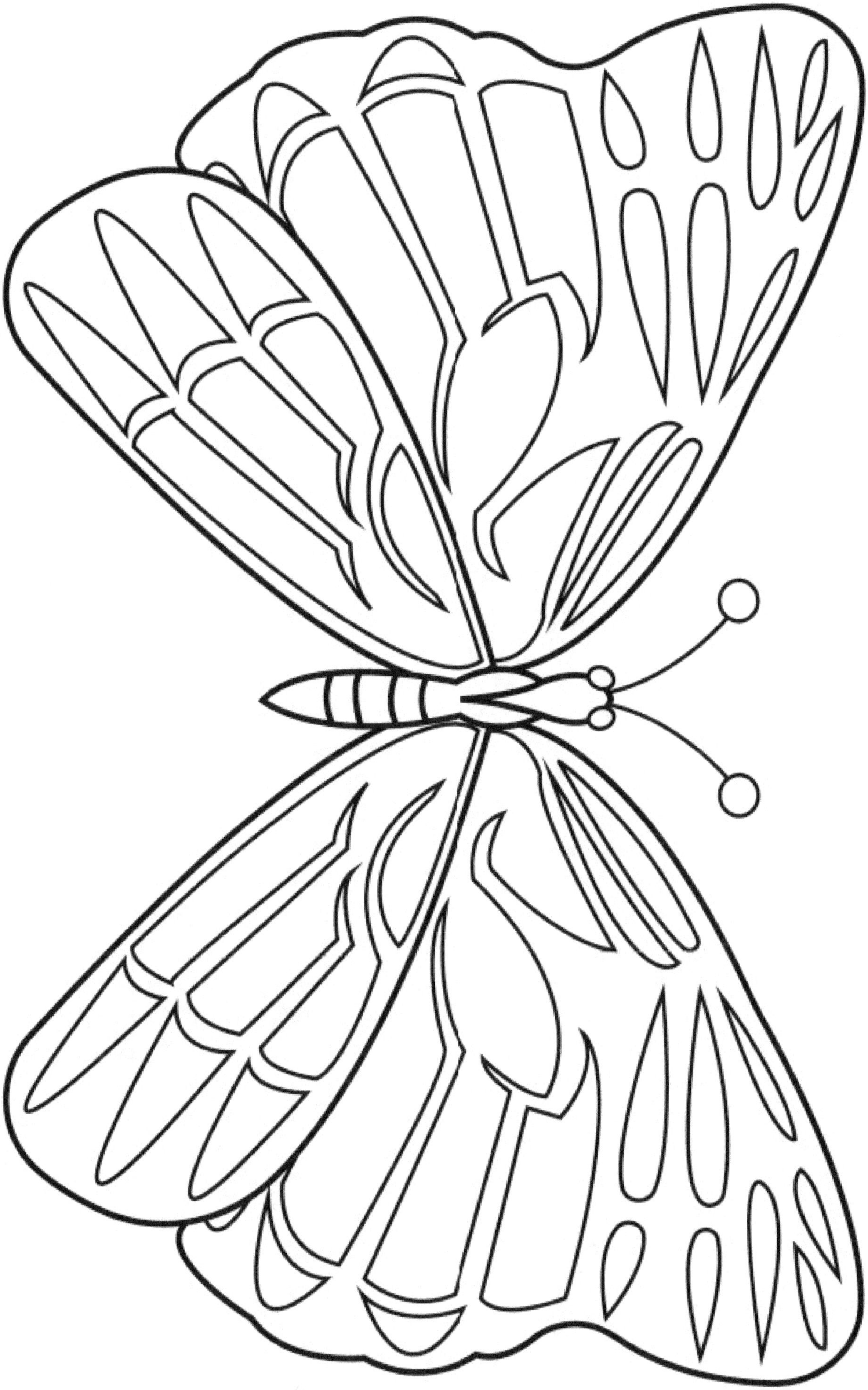

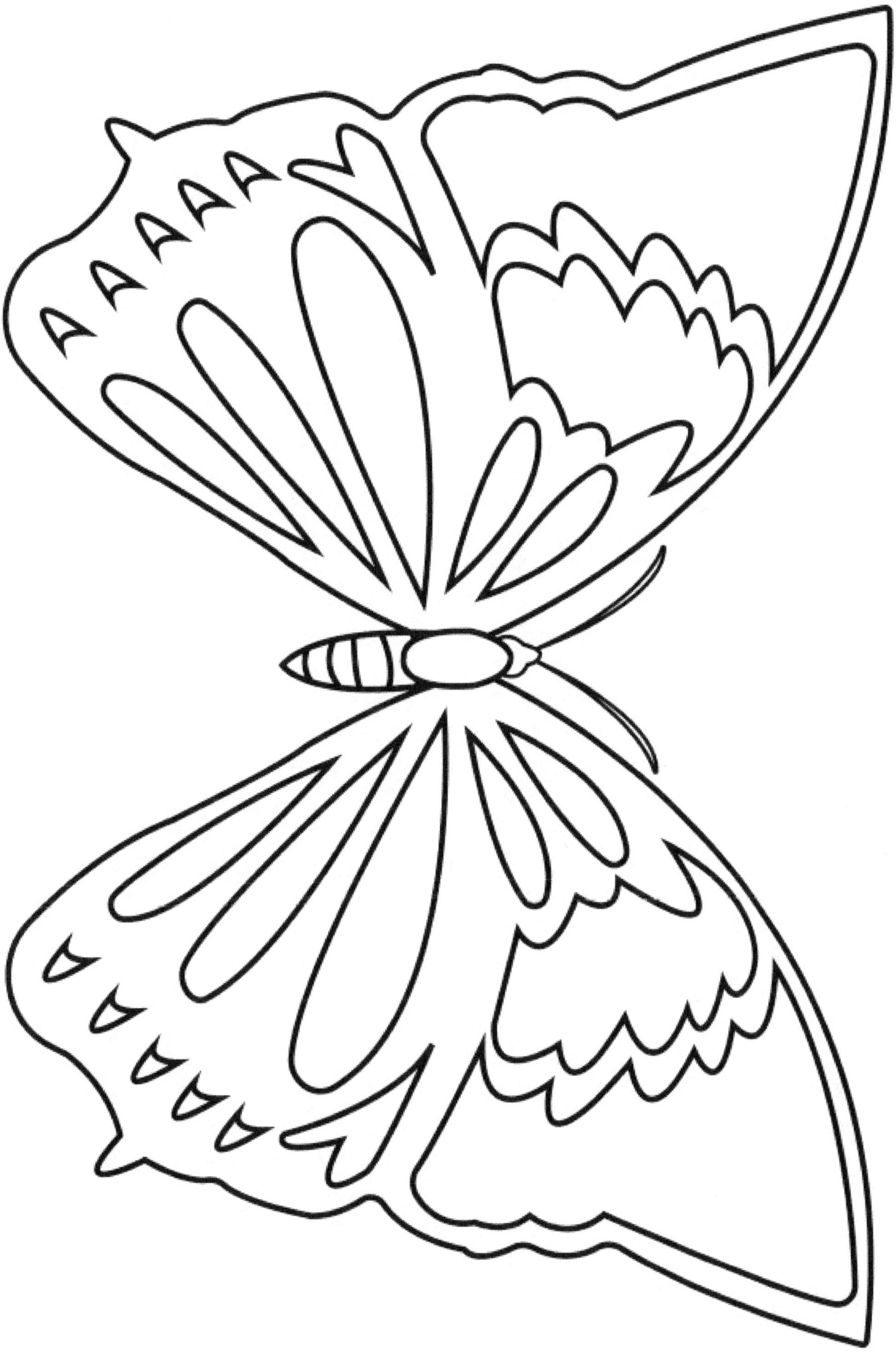

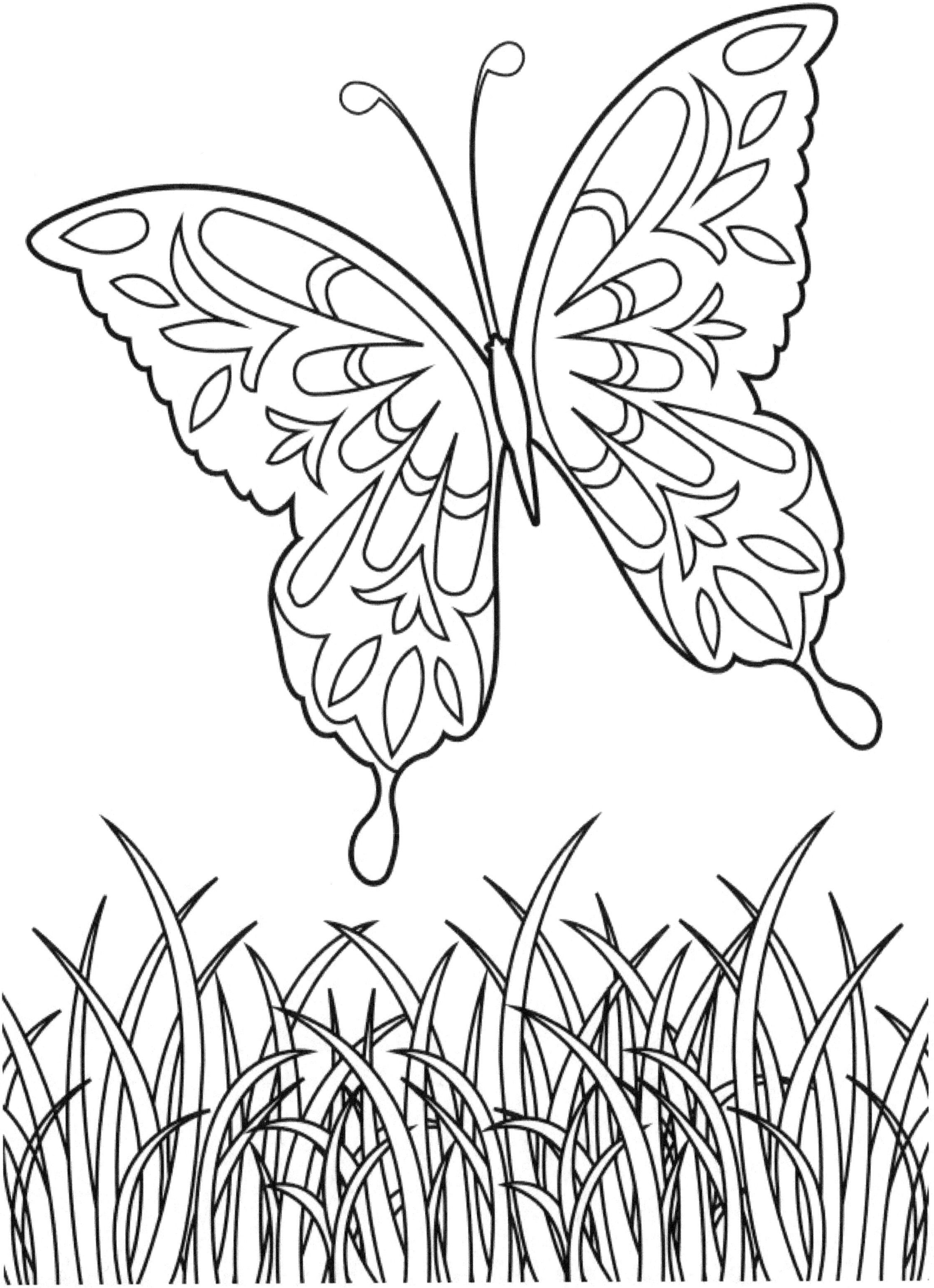

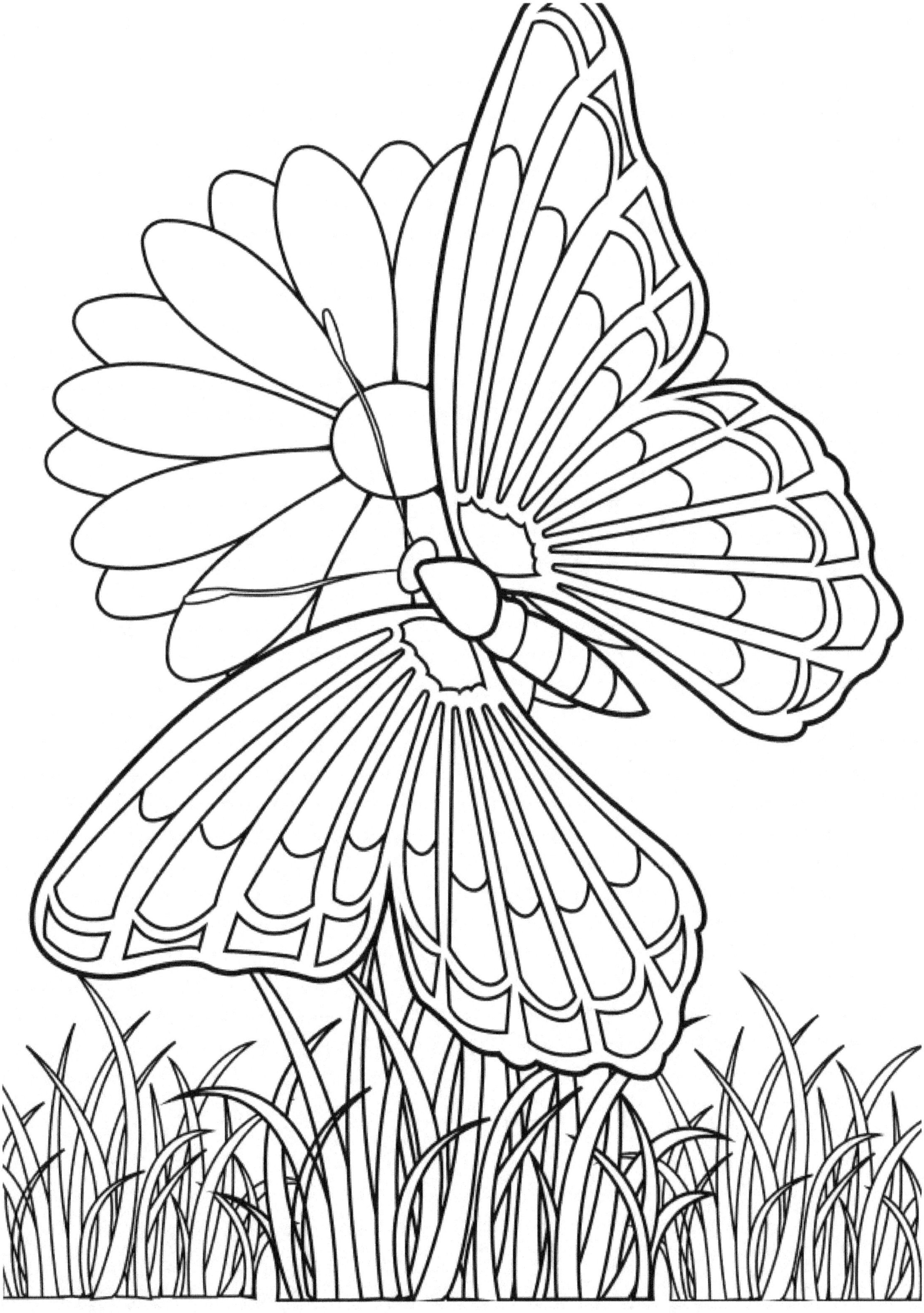

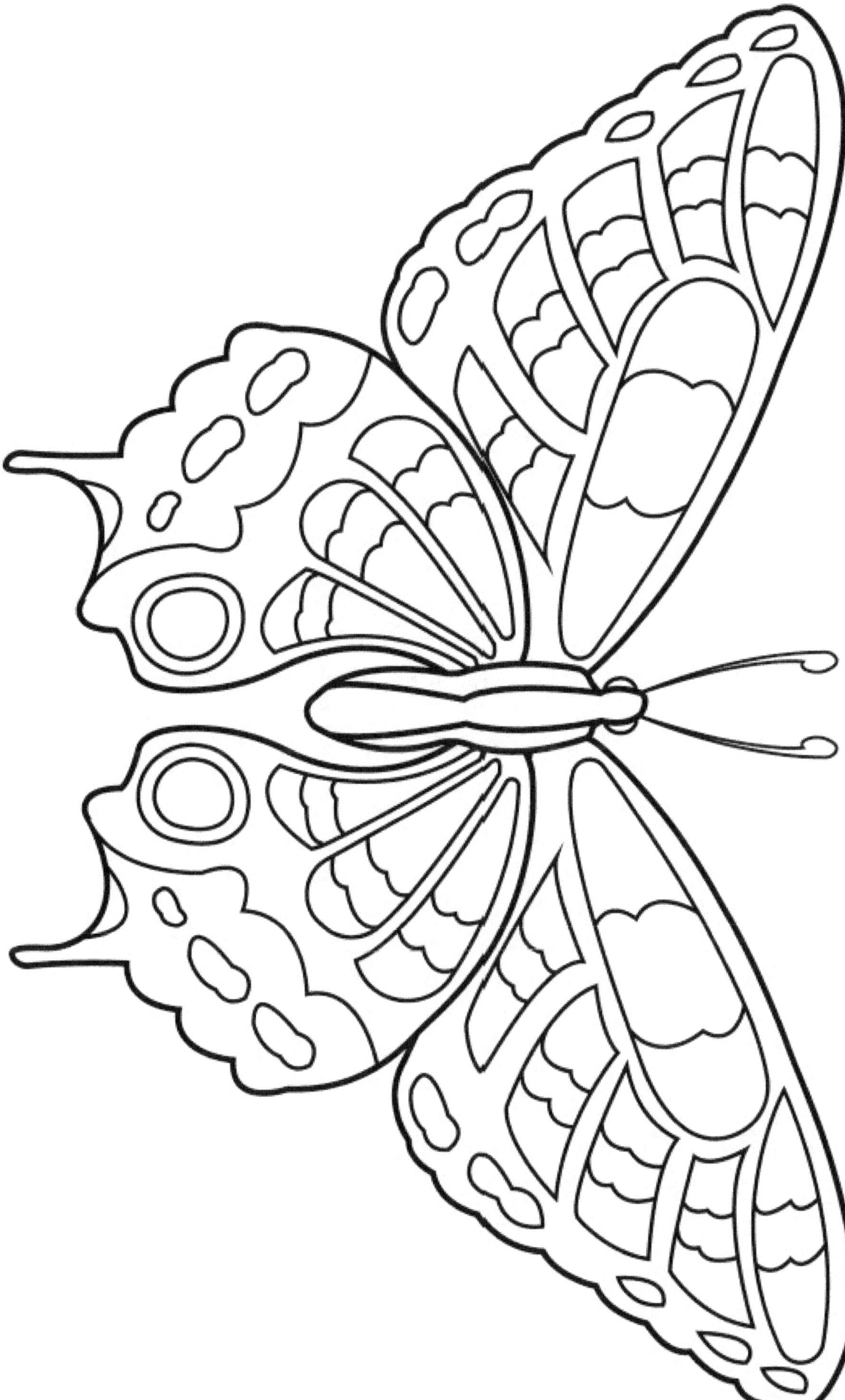

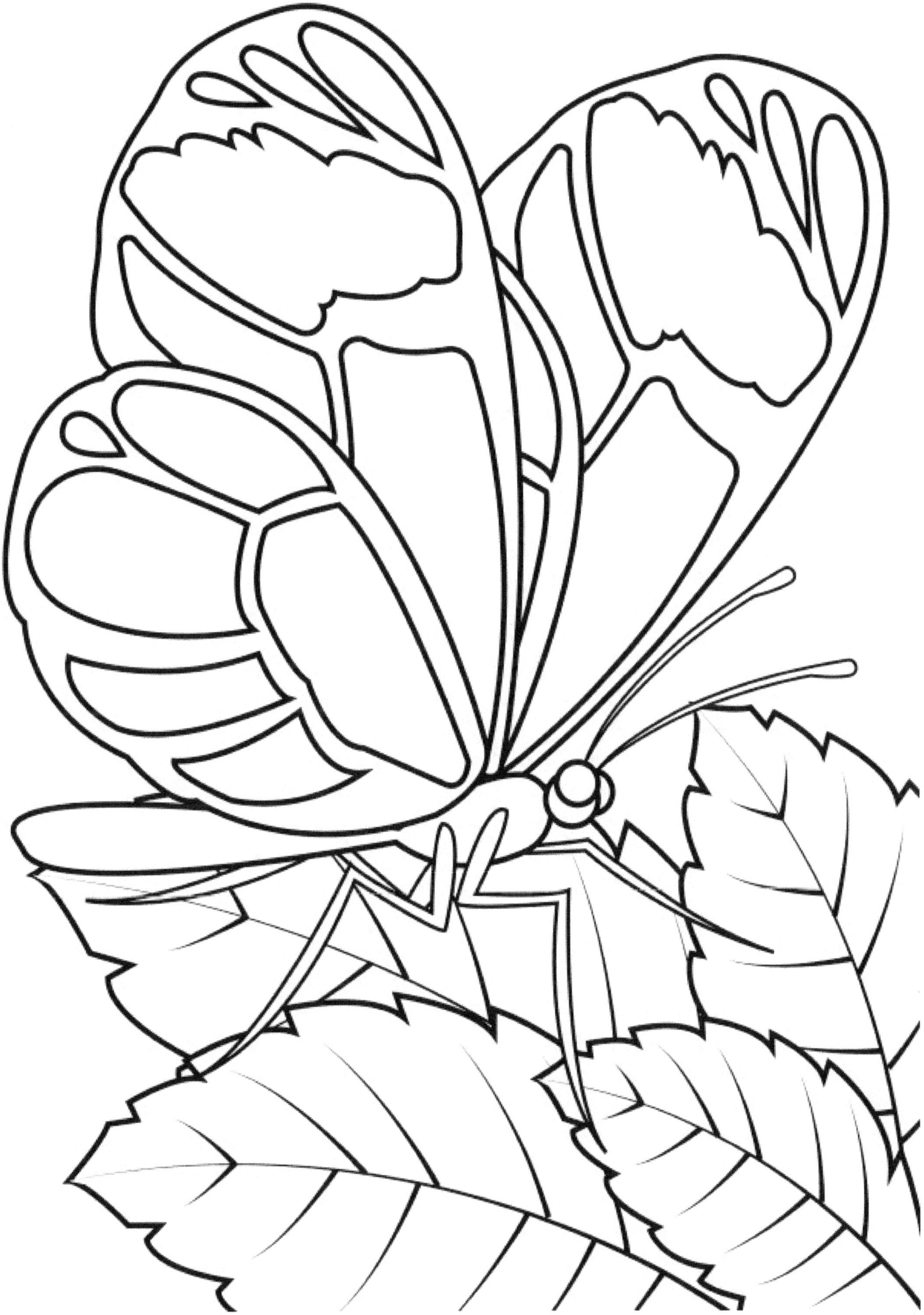

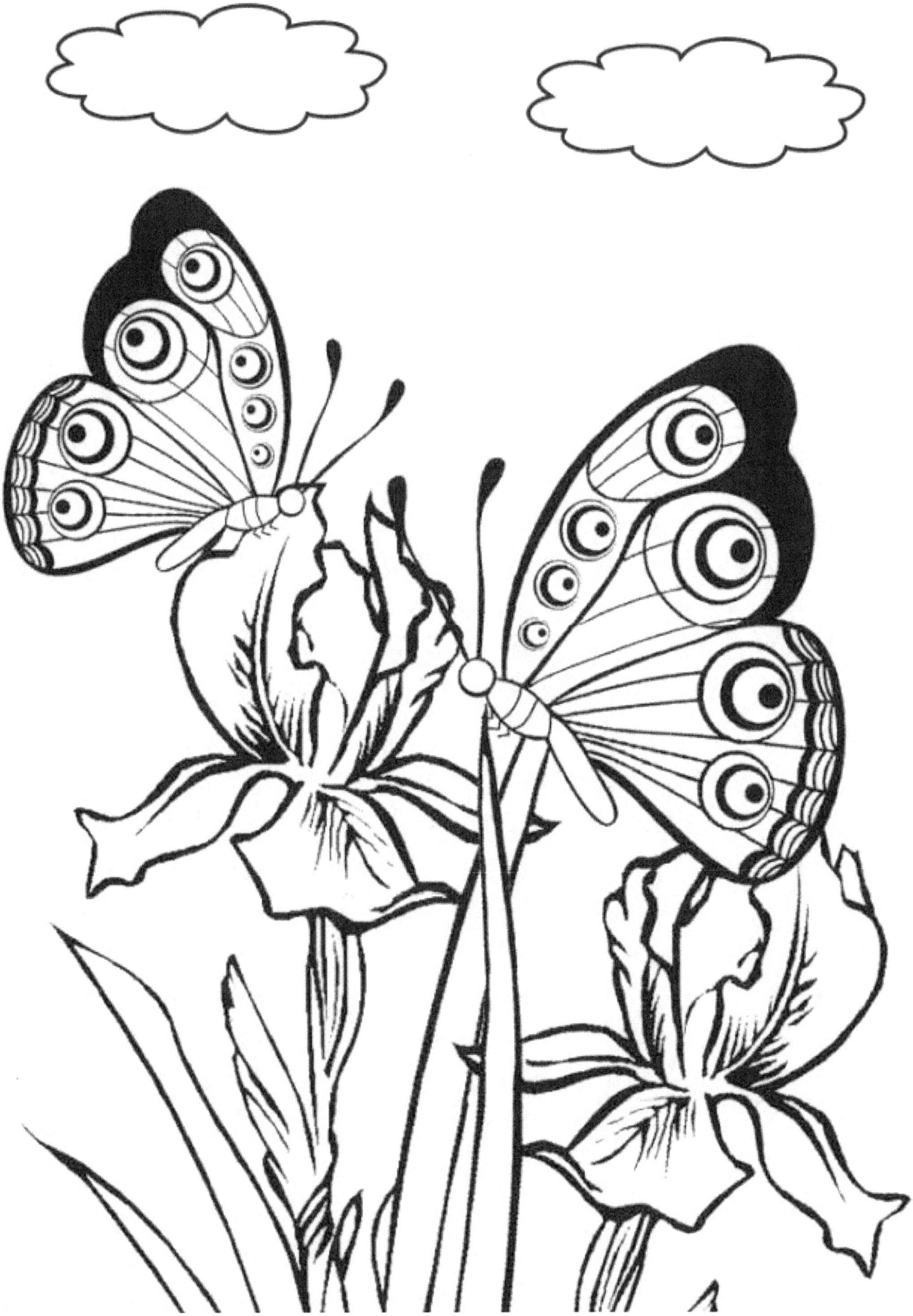

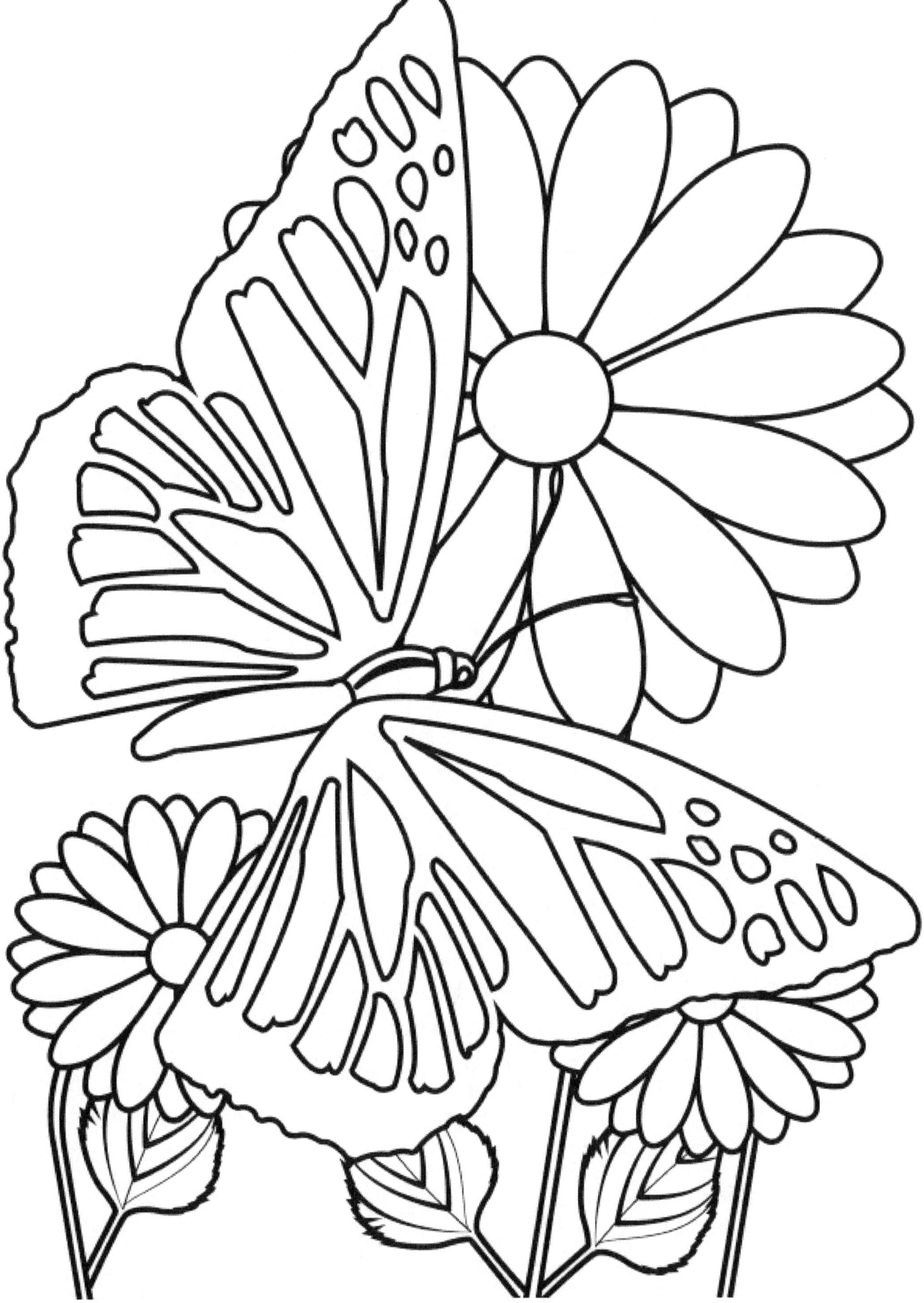

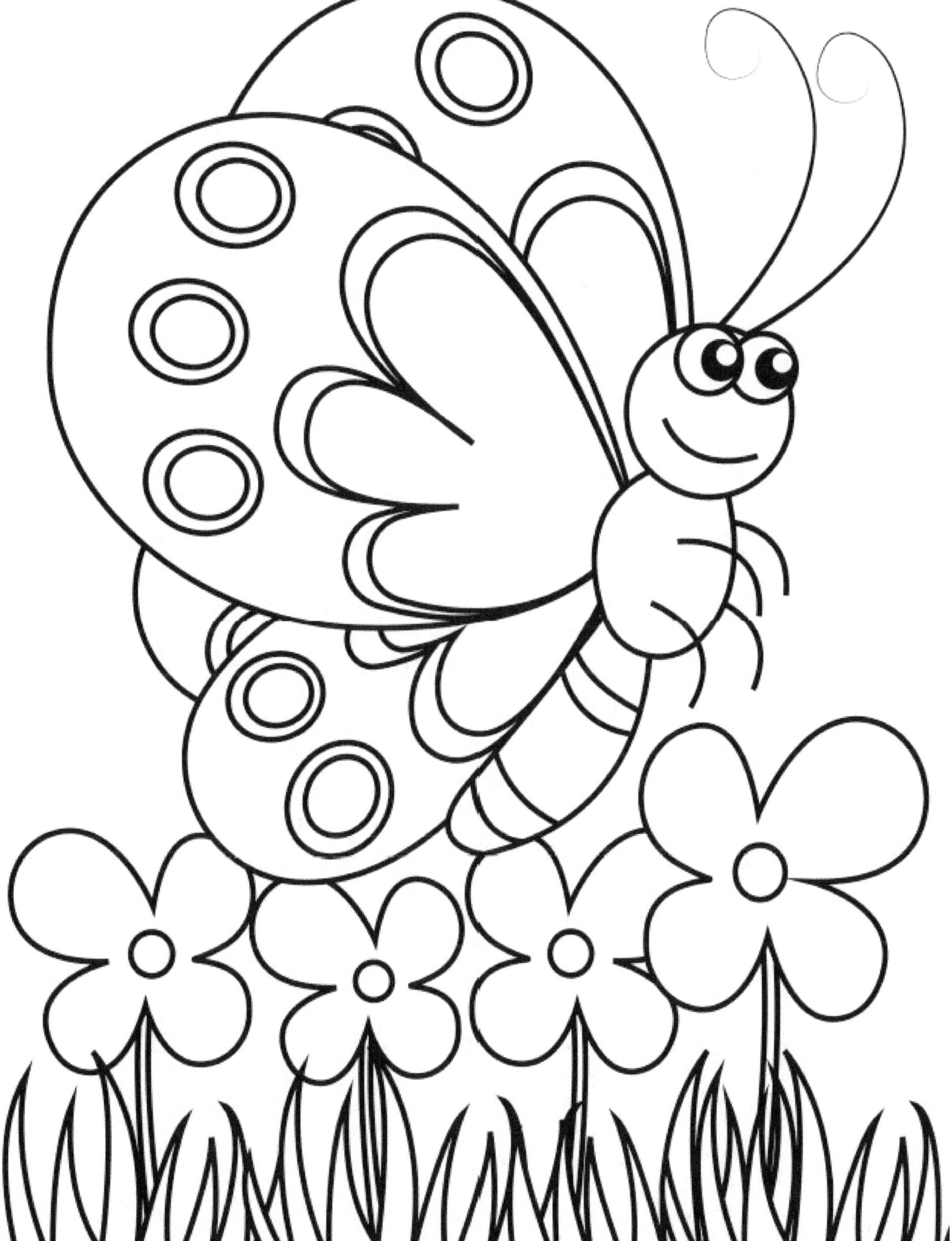

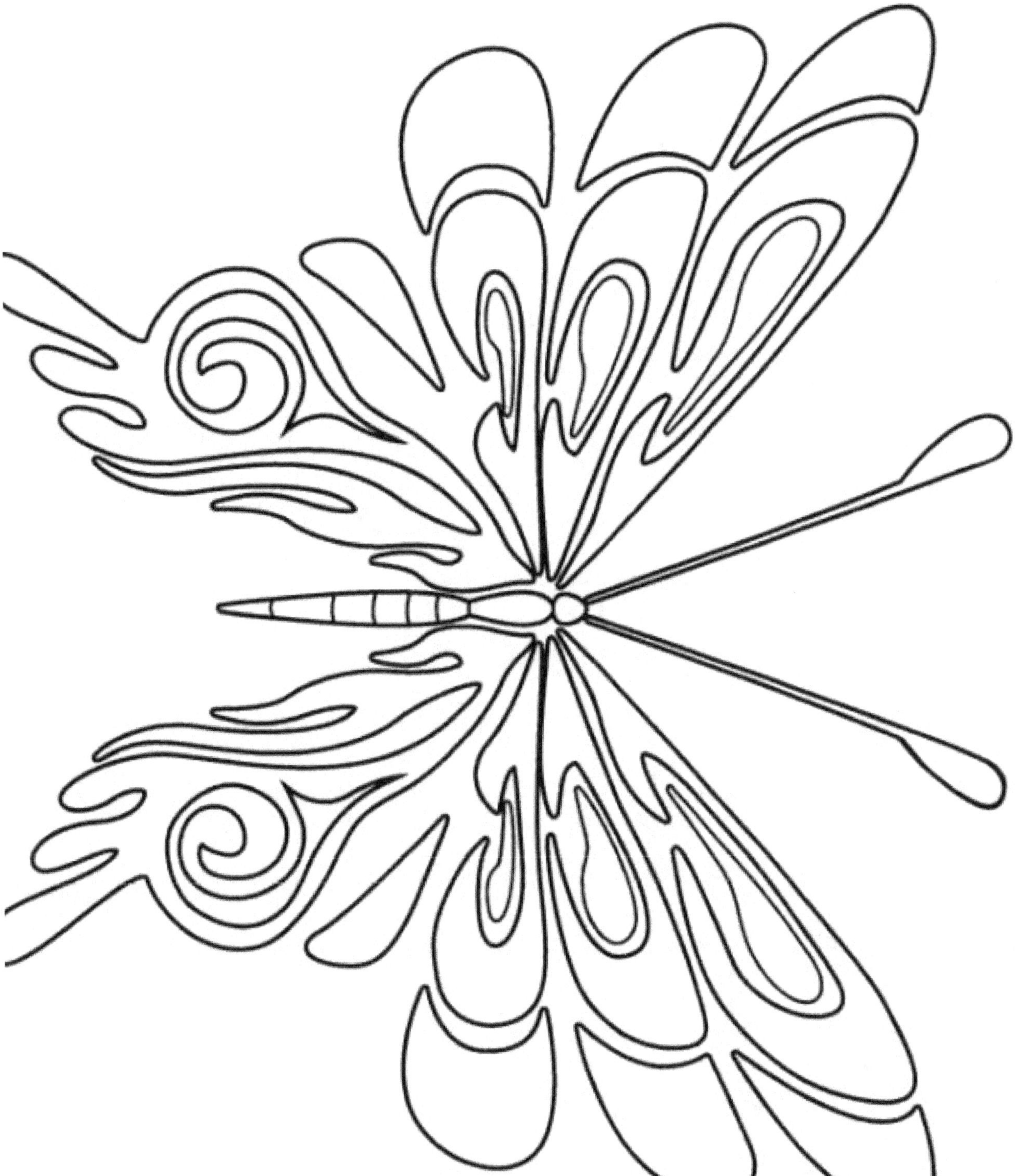

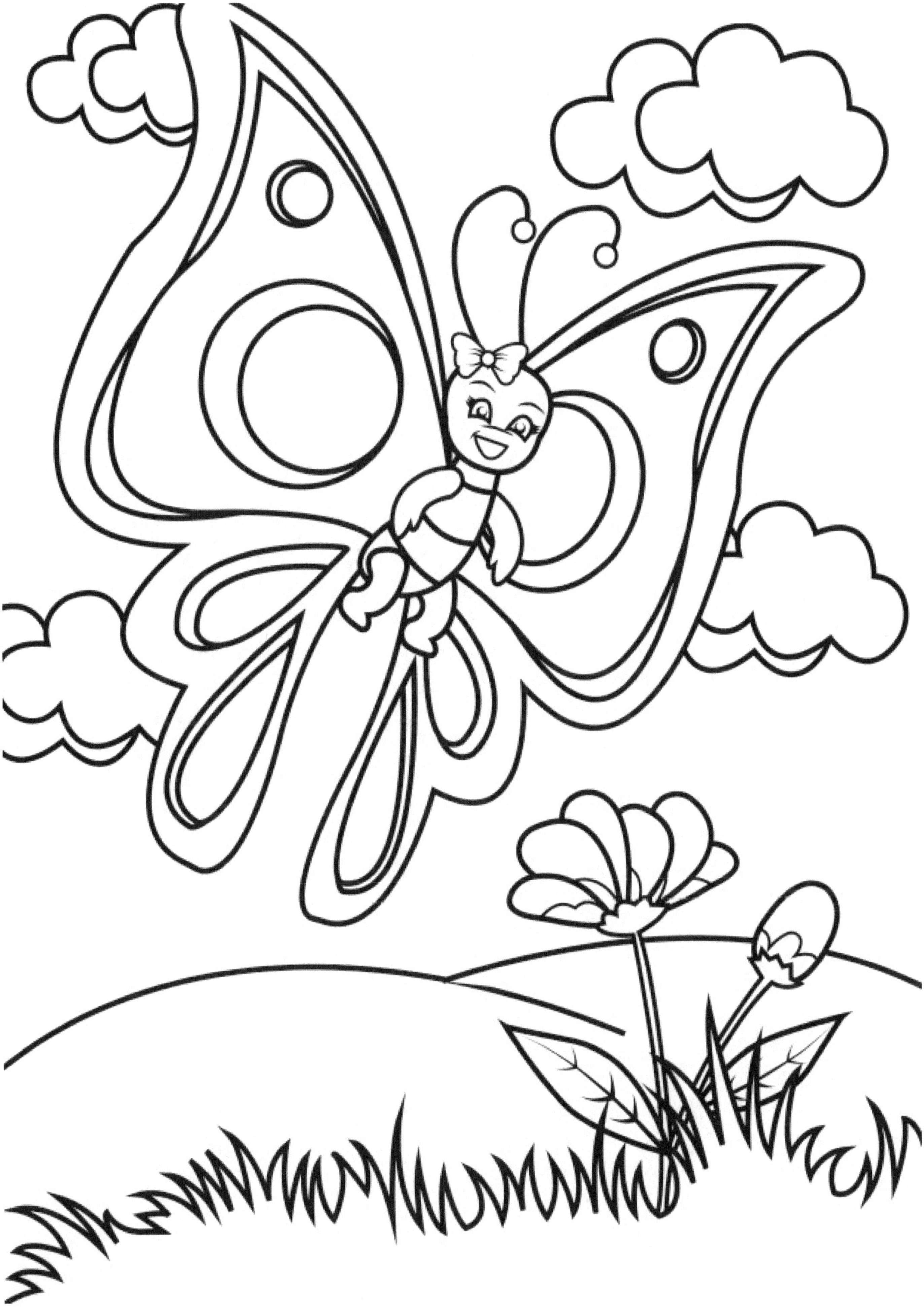

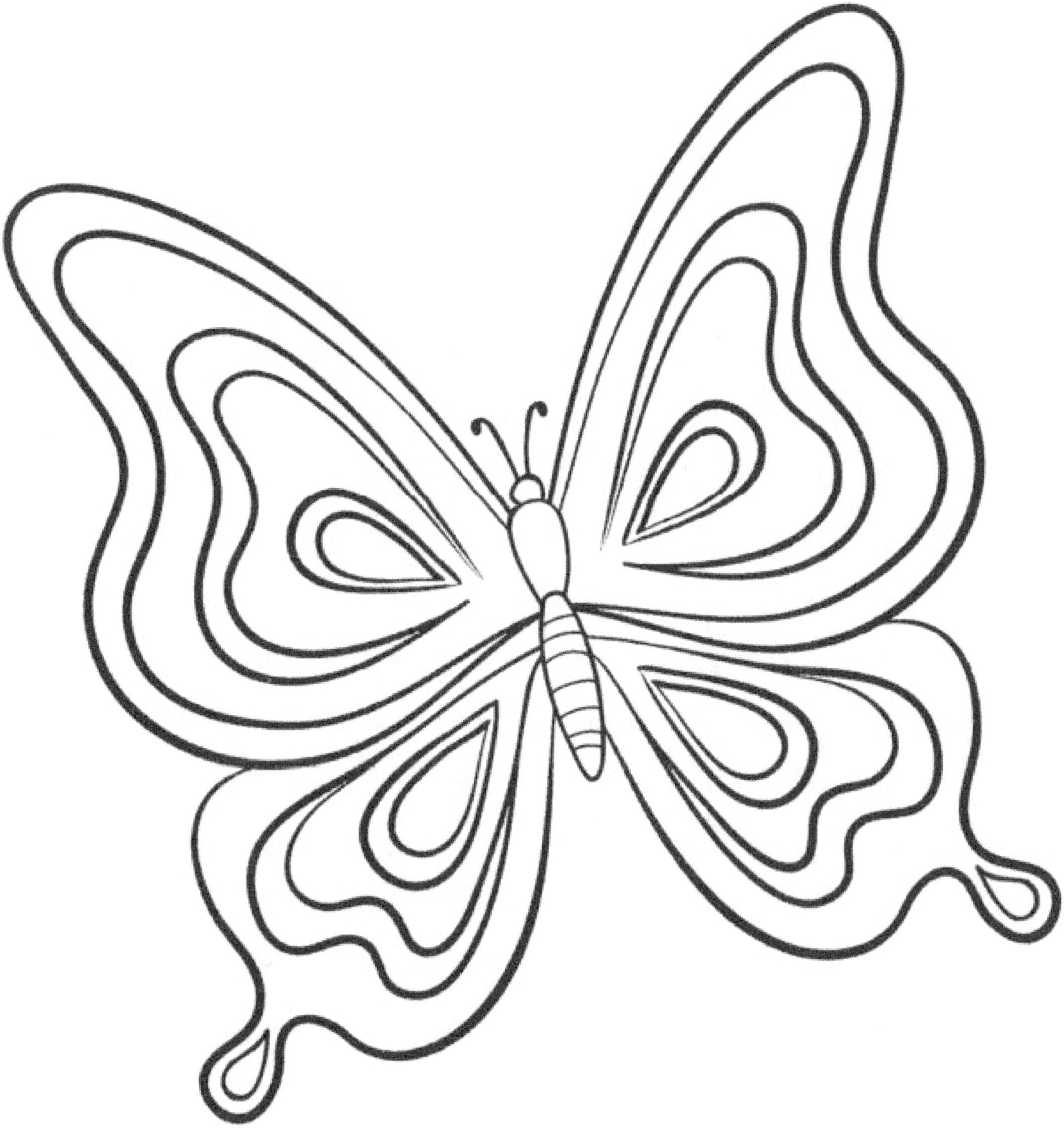

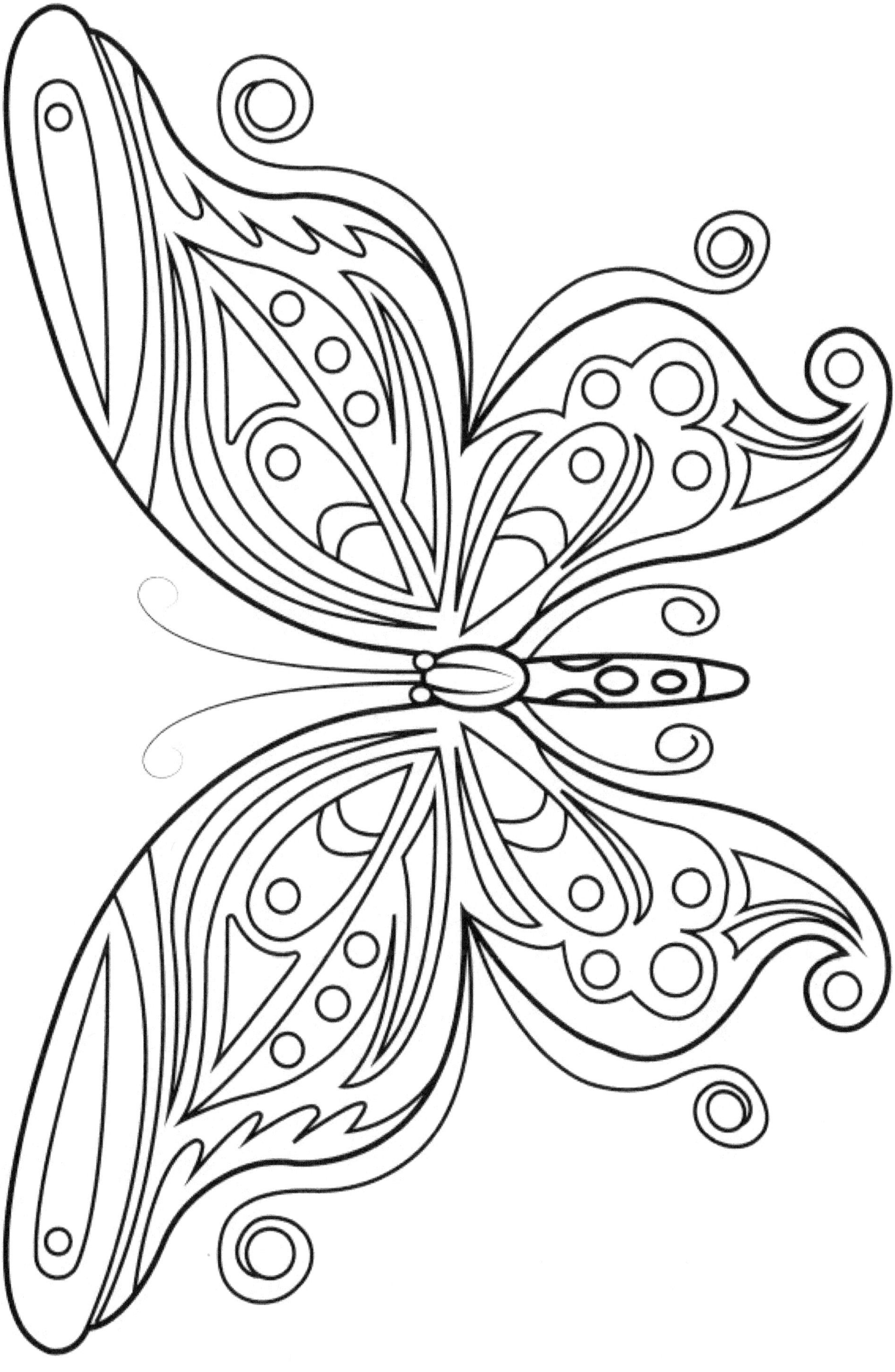

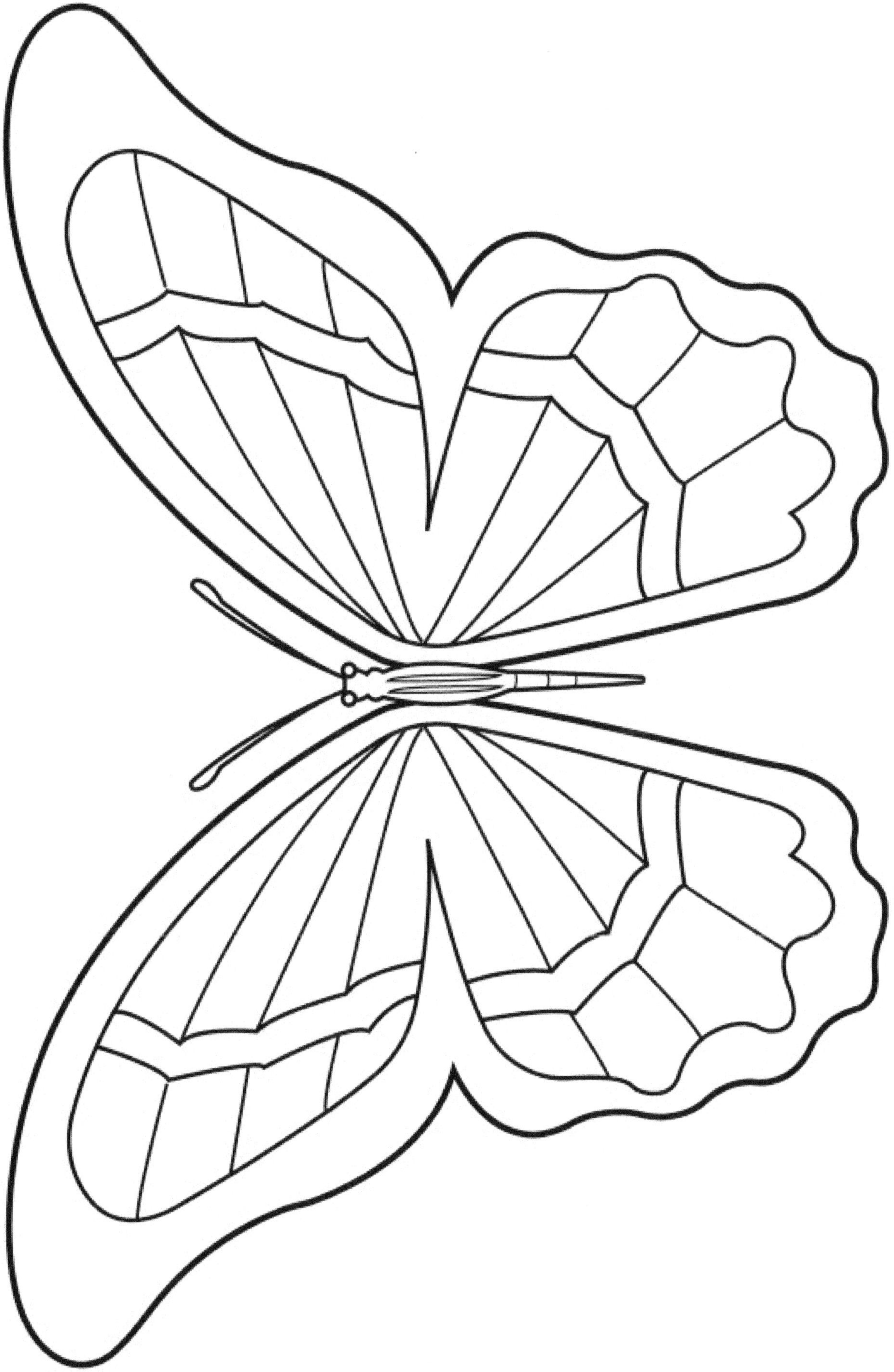

www.ingramcontent.com/pod-product-compliance
Lightning Source LLC
Chambersburg PA
CBHW062118220526
45471CB00010B/3790
* 9 7 9 8 3 2 0 9 4 6 4 0 5 *